Inhalt

1. Der optimale Schnellstart: Ich bin dann mal auf Facebook ...

Dieses Kapitel richtet sich vor allem an Personen, die aktuell kein Konto bei Facebook haben und sich anmelden wollen.

Der Aufbau von Facebook: Profil, Gruppe und Seite

Bevor es losgeht, lohnt es sich, erst einmal den Aufbau von Facebook nachvollziehen zu können. Denn an sich besteht Facebook nur aus den drei Säulen *Profil, Seite* und *Gruppe*. Sobald Sie diese drei Säulen verinnerlicht haben, werden Sie sich leichter auf Facebook zurechtfinden.

Profil für das Private: Das Profil wird von einer natürlichen Person angelegt und verwaltet und ist privat. Über Ihr Profil können Sie sich ähnlich wie im richtigen Leben mit Ihren Freunden verbinden und Neuigkeiten austauschen, sich also miteinander unterhalten. Wer spielen möchte, findet dazu zahlreiche Angebote und auch Anwendungen, wie diverse Nachrichtenleser, werden über das Profil geschaltet.

Gruppe für die Gemeinschaft: Facebook-Gruppen sind für Nutzer gedacht, die sich zu gemeinsamen Interessen austauschen möchten. Gruppen sind sehr beliebt auf Facebook und werden sowohl privat als auch geschäftlich genutzt. Gruppen können nur über ein Profil angelegt werden.

Seite für Unternehmen & Co: Seiten sind überwiegend geschäftlicher Natur und repräsentieren Unternehmen sämtlicher Größenordnungen. Über Ihr Profil können Sie mit Seiten interagieren, zum Beispiel angeben, dass Ihnen eine Seite gefällt, oder einen Beitrag auf einer Seite kommentieren. Eine Seite kann keinen ersten Kontakt zu Ihnen aufnehmen und sich auch nicht mit Ihrem Profil befreunden. Das Befreunden gibt es nur für Profile untereinander. Genau wie bei Gruppen wird auch eine Facebook-Seite über ein Facebook-Profil angelegt.

Facebook ist kostenlos

Im Übrigen sind sowohl Profil, Gruppen und Seiten allesamt kostenlos auf Facebook. Das bedeutet, dass zum Beispiel keine monatliche Pauschale für die Nutzung von Facebook erhoben wird.

Das Profil, Ihre Schaltzentrale auf Facebook

Zusammenfassend lässt sich also sagen, dass das Profil die Schaltzentrale für all Ihre Aktivitäten auf Facebook ist. Egal, ob Sie sich mit Ihren Freunden austauschen möchten, Spiele verwenden, in Gruppen diskutieren, auf Seiten kommentieren oder selbst eine oder mehrere Seiten betreiben.

Datenschutz: Gerüchte über Facebook

Es gibt so einige Gerüchte über Facebook, die immer wieder kursieren.

Die wohl am meisten diskutierten Gerüchte drehen sich um Fragen zum Datenschutz.

So wird immer wieder behauptet, dass Werbekunden Zugriff auf persönliche Informationen von Nutzern haben. Dieses wird von Facebook dementiert. Zum Beispiel erhalten Werbetreibende ausschließlich anonyme und zusammengefasste Berichte darüber, dass die Anzeigen von den Personengruppen gesehen wurden, die als Zielgruppe ausgewählt wurde.

Auch wird immer wieder behauptet, dass Facebook Daten seiner Nutzer verkauft. Diesen Umstand belegt Facebook schlichtweg mit einem klaren Nein. In einem Statement im Facebook-Hilfebereich äußert sich Facebook dazu mit diesem Wortlaut: *Wir verkaufen derzeit keine deiner Daten an Dritte und werden das auch in Zukunft nicht tun.*

Es ist müßig, darüber zu diskutieren. Insofern bleibt es Ihnen überlassen, wem Sie welchen Glauben schenken.

Weitere Gerüchte über Facebook

Im Hilfebereich finden Sie noch weitere Gerüchte über Facebook. Zum Beispiel, ob andere Nutzer Ihre privaten Nachrichten sehen können oder ob Sie erfahren können, wer Ihr Profil aufruft. Alle Hilfeseiten sind öffentlich und können auch ohne ein Profil aufgerufen und gelesen werden. Antworten von Facebook zu den verschiedenen Gerüchten finden Sie über diesen Link: *https://www.facebook.com/help/369078253152594/*

Bevor es losgeht: Klarnamenpflicht für Facebook-Profile

Laut eigener Aussage ist Facebook eine Gemeinschaft, in der Nutzer ihre wahre Identität verwenden müssen.

Bedenken Sie diesen Umstand, bevor Sie sich für das Anlegen eines Kontos und Einrichten Ihres Profils auf Facebook entscheiden.

Zwar existieren nicht gerade wenig sogenannte Fake accounts. Doch hat Facebook in jüngster Vergangenheit ein erhöhtes Augenmerk auf derlei Konten, was immer wieder zu deren Löschung führt. Und mal ehrlich: Im richtigen Leben stellen Sie sich anderen ja auch nicht mit einem Fantasienamen vor, oder?

Verbot der Klarnamenpflicht

Ende 2012 haben deutsche Datenschützer Facebook die Klarnamenpflicht mit der Begründung, dass das Recht auf Anonymität ein notwendiger Bestandteil der Meinungsfreiheit sei, verboten. Facebook hat dagegen Widerspruch eingelegt, eine Entscheidung steht noch aus. Mehr zu diesem Verfahren lesen Sie bei Rechtsanwalt Thomas Schwenke unter *http://rechtsanwalt-schwenke.de/datenschuetzer-verbieten-facebook-die-klarnamen pflicht-auch-deutsche-communityanbieter-in-gefahr/*.

Welche Namen sind auf Facebook zugelassen?

Weitere Informationen mit Hinweisen zur Angabe Ihres Namens finden Sie in der Facebook-Hilfe unter *https://www.facebook.com/help/112146705538576*.

Ein Profil anlegen und erste Schritte

Um ein Profil anzulegen, müssen Sie sich mit einem Konto bei Facebook registrieren. Rufen Sie dazu Facebook auf über *http://www.facebook.com*.

Tragen Sie Ihre persönlichen Daten in der Maske ein und klicken Sie auf *Registrieren*. Mit diesem Schritt erkennen Sie die Nutzungsbedingungen, Datenverwendungsrichtlinien und Bestimmungen zur Verwendung von Cookies an. Sollten Sie hierzu Bedenken oder Fragen haben, so lesen Sie sich die jeweiligen Bestimmungen durch, bevor Sie sich registrieren.

Sobald Sie sich registriert haben, erhalten Sie eine Nachricht von Facebook mit einem Bestätigungslink. Klicken Sie auf diesen Link und schließen Sie damit die Registrierung ab.

Die ersten Schritte nach der Registrierung

Nach abgeschlossener Registrierung werden Sie zu einer Maske mit drei Schritten geleitet.

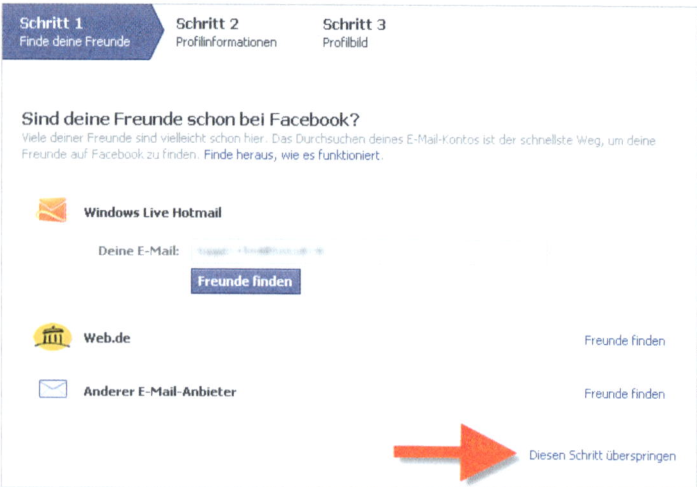

Schritt 1: Hier fordert Facebook Sie auf herauszufinden, wer von Ihren Freunden sich bei Facebook befindet.

Schritt 2: In diesem Schritt geben Sie Ihre ersten persönlichen Daten zu Schule, Hochschule und Arbeitgeber für Ihr Profil ein. In der Voreinstellung sind diese Angaben öffentlich, die Sichtbarkeit lässt sich individuell einstellen. Anhand der in diesem Schritt eingegebenen Daten schlägt Facebook Ihnen in der nächsten Maske Nutzer vor, die Sie vielleicht kennen könnten.

Schritt 3: In diesem Schritt fordert Facebook Sie auf, Ihrem Profil ein Profilbild hinzuzufügen. Sie können entweder eins von Ihrem Computer auswählen oder mit Ihrer Webcam aufnehmen.

Tipp: Überspringen Sie alle drei Schritte

Anstatt den Anweisungen zu folgen, empfiehlt es sich, alle diese Schritte zu überspringen und sich den Aufbau des Profils erst einmal in Ruhe anzuschauen, um zu wissen, wo sich was befindet und was von wem gesehen werden kann. (Siehe Pfeil zum Überspringen in der Abbildung auf Seite 12.)

Finger weg vom Adressbuchabgleich

Gerade wenn Sie sich ein neues Profil auf Facebook eingerichtet haben, wird Facebook Ihnen immer wieder vorschlagen, nach Ihren Freunden zu suchen. Tun Sie das nicht! Denn Sie verschicken dann automatisch bis zu dreimal eine Einladung zu Facebook an alle Ihre Kontakte, die sich noch nicht bei Facebook angemeldet haben. Schneller werden Sie Ihren guten Ruf nicht los.

Zumal Facebook sich auch selbst absichert und im Hinweis zum Importieren von Kontakten darauf verweist, dass Einladungen zu Facebook bitte nur an Freunde gehen sollen, die diese auch gern erhalten möchten.

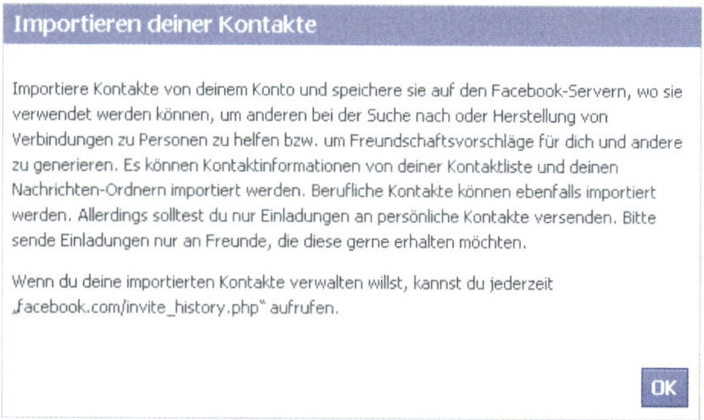

Die Frage, die sich spätestens in diesem Augenblick stellt: Wissen Sie davon? Wohl eher nicht. Wie Sie auch ohne Adressbuchabgleich Ihre Freunde finden, erfahren Sie in Kapitel 3.

Aufbau der Symbolleiste

Facebook ist so angelegt, dass Sie über die oben eingeblendete Symbolleiste alles aufrufen können. Die Bedeutung der Symbole im Einzelnen sind:

1 **Das Facebook-Logo**: Beim Anklicken werden Sie auf Ihre Startseite geleitet.

2 **Freundschaftsanfragen**: Hier werden Ihnen die Anfragen von Nutzern angezeigt, die gern Ihre Facebook-Freunde sein möchten.

3 **Nachrichten**: Über das Briefsymbol verwalten Sie Ihre Nachrichten auf Facebook.

4 **Benachrichtigungen**: Über die Weltkugel werden Sie benachrichtigt, sobald Ihren Einstellungen entsprechend bestimmte Freunde oder Seiten auf Facebook aktiv sind.

5 **Die Facebook-Suche**: Über die Suchleiste können Sie unter anderem nach Personen, Seiten, Orten, Anwendungen suchen.

Social Graph – die neue Suche auf Facebook

Zum Redaktionsschluss dieses Buches testet Facebook eine neue Suchfunktion, welche derzeit Nutzern als Beta-Version zur Verfügung steht, die Ihr Konto in der Sprache English (US) eingestellt haben. Mit diesem neuen Social Graph ist es möglich, anhand der Angaben von Nutzern zum Beispiel nach Dingen zu suchen wie:

- Personen, die gern Fahrrad fahren
- Fotos von meinen Freunden in New York
- Städte, die meine Familie besucht hat
- Fotos vor 1990

Auf der Seite *Suche im Social Graph* (*https://www.facebook.com/about/graphsearch*) können Sie sich auf die Warteliste setzen lassen.

Schloss und Zahnrad: Eingang zu Kontoeinstellungen und Privatsphäre

Ganz rechts in der Symbolleiste befinden sich noch zwei weitere wichtige Symbole: ein kleines Schloss und ein Zahnrad.

Über das Schloss erreichen Sie bequem die Privatsphäre-Verknüpfungen. Auf die einzelnen Einstellungen wird im Verlauf des Buches näher eingegangen. An dieser Stelle zunächst eine kurze Beschreibung.

- **Wer kann meine Inhalte sehen?**: Legen Sie das Publikum für Ihre Beiträge fest.
- **Wer kann mich kontaktieren?**: Steuern Sie die Filter für Nachrichten in Ihrem Posteingang auf Facebook.

- **Wie verhindere ich, dass mich jemand belästigt?**: Tragen Sie Nutzer ein, die Sie blockieren möchten, wenn Sie keinerlei Kontakt mit diesen auf Facebook wünschen.

Über das Zahnrad oben rechts in der Symbolleiste erreichen Sie die verschiedenen Einstellungen zu Ihrem Konto und Ihrem Profil. Auf die wichtigsten Inhalte wird im Buch noch näher eingegangen. Hier schon mal ein Schnellüberblick:

1 In diesem Bereich passen Sie die Einstellungen zu Ihrem Konto an, unter anderem Ihren Namen, die E-Mail-Adresse, den Nutzernamen und das Passwort unter *Allgemein* und Sicherheitsfrage und sicheres Durchstöbern unter *Sicherheit*.

2 Verwalten Sie Ihre Einstellungen im Hinblick auf die Sichtbarkeit Ihrer Beiträge, verwalten Sie die Einstellungen zu Markierungen und das Blockieren von anderen Nutzern.

3 Verwalten Sie Benachrichtigungen und die Verknüpfung mit Ihrem Handy und mit Abonnenten.

4 In diesem Abschnitt werden Sie später unter anderem eine Übersicht der von Ihnen hinzugefügten Anwendungen vorfinden. Für Spiele stehen Ihnen die Bereiche *Zahlungen* und *Geschenke* zur Verfügung. In der *Supportkonsole* verwalten Sie Inhalte, die Sie Facebook gemeldet haben. Bei *Werbeanzeigen* stellen Sie ein, ob Sie damit einverstanden sind, wenn Ihre sozialen Handlungen in Werbeanzeigen dargestellt werden. Dazu später mehr in Kapitel 6.

Sicherheitsinformationen aktualisieren

Über das Formular *Aktualisiere Deine Sicherheitsinformationen* (*http://www.facebook.com/update_security_info.php*) können Sie Ihre Sicherheitsdaten abrufen. Hinweis: Ihre einmal eingegebene Sicherheitsfrage können Sie nicht mehr ändern.

Verschiedene Optionen für Ihren Namen

Gehen Sie über das Zahnrad auf Ihre Kontoeinstellungen und klicken Sie dort auf den Bereich *Name*.

1 Tragen Sie gegebenenfalls Ihren zweiten Vornamen ein.

2 Geben Sie an, in welcher Reihenfolge Ihr Name angezeigt werden soll.

3 Geben Sie einen alternativen Namen an. Zum Beispiel Ihren Kose- oder Mädchennamen.

4 Geben Sie Ihr Passwort ein und speichern Sie ab.

Die Anzeige samt Kosename sieht dann zum Beispiel so aus:

Die Sache mit dem Nutzernamen

Facebook weist Ihnen bei der Anmeldung einen Nutzernamen zu. Sie finden ihn in den allgemeinen Kontoeinstellungen. Der Nutzername ergibt sich aus Ihrem Namen und dient zum einen als Adresse für Ihre Chronik und zum anderen für Ihre automatisch generierte E-Mail-Adresse auf Facebook. Sie haben die Möglichkeit, Ihren Nutzernamen einmal zu ändern. Wenn Sie dies tun, ändern sich sowohl die Adresse zu Ihrer Chronik als auch Ihre E-Mail-Adresse auf Facebook.

Löschen können Sie Ihre Facebook-E-Mail-Adresse nicht. Wenn Sie nicht möchten, dass andere Nutzer diese E-Mail-Adresse sehen, stellen Sie dies in Ihren persönlichen Daten ein. Wie das geht, erfahren Sie in Kapitel 2 im Abschnitt „Persönliche Daten: Wer darf gucken?“.

Was passiert auf meiner Wilkommensseite?

Nachdem Sie entweder in den ersten Schritten erste Daten und das Profilbild angelegt oder alle übersprungen haben, leitet Facebook Sie auf eine Willkommensseite, die inhaltlich den bereits beschriebenen ersten Schritten ähnelt.

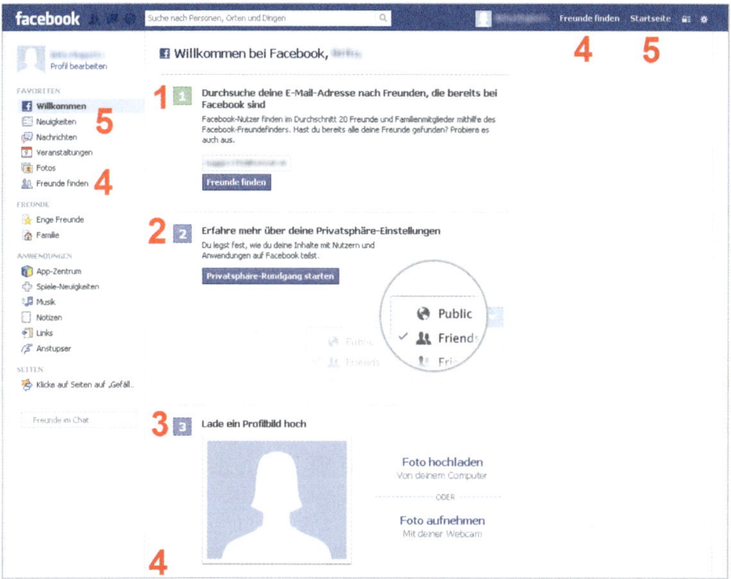

1 Als Erstes erfolgt wieder die Aufforderung, Ihre Adressen mit Facebook abzugleichen.

2 Facebook bietet Ihnen einen Rundgang mit Infos zu Privatsphäre-Einstellungen an. Sobald Sie den Rundgang einmal aufgerufen haben, geht Facebook davon aus, dass Sie alles verstanden haben, und zeigt ihn nicht mehr auf Ihrer Willkommensseite an.

3 Auch die Aufforderung, ein Profilbild zu installieren, findet sich auf der Willkommensseite.

4 Über *Freunde finden* landen Sie wieder beim Adressbuchabgleich.

5 Über die Schaltflächen *Startseite* oben rechts und *Neuigkeiten* in der linken Spalte werden Sie zu Ihrer eigentlichen Startseite geleitet.

Sowohl die Willkommensseite als auch die Schaltfläche *Freunde finden* in der Leiste oben werden nach einiger Zeit nicht mehr angezeigt, sobald Sie sich auf Facebook eingerichtet und die ersten Freunde haben.

Aufbau der Startseite – noch gültiges Design

Zu Redaktionsschluss dieses Buches war das neue Design der Startseite erst für wenige Nutzer verfügbar. Daher folgen auch Erläuterungen zum Aufbau der Startseite mit dem noch gültigen Aufbau.

Über die Schaltflächen *Startseite* und *Neuigkeiten* gelangen Sie zur eigentlichen Startseite (siehe Pfeile in der Abbildung). Die Startseite teilt sich wie folgt auf:

1 **Beitragsmaske**: Hier können Sie eigene Beiträge verfassen und mit Ihren Freunden teilen.

2 **Nachrichtenstrom**: Ähnlich einem Strom werden Ihnen hier später die neuen Beiträge Ihrer Freunde oder Seiten, bei denen Sie angegeben haben, dass sie Ihnen gefallen, angezeigt. Sortieren Sie diese nach *Hauptmeldungen* oder *Neueste Meldungen*.

3 **Persönliche Kontakte hinzufügen**: Facebook fragt Sie nach einem Adressbuchabgleich.

4 **Favoriten**: In diesem Bereich rufen Sie später gezielt die für Sie wichtigsten Informationen ab.

5 **Anwendungen**: Hier finden Sie unter anderem Neuigkeiten zu Spielen, gelangen zum App-Zentrum und können Musik anhören, die sich auch Ihre Freunde angehört haben.

6 **Freunde**: Über diesen Bereich rufen Sie Ihre Freundeslisten auf. Was es mit Freundeslisten auf sich hat, erfahren Sie in Kapitel 3.

7 **Seiten**: Über diese Schaltfläche gelangen Sie zu einer Übersicht mit Seiten, von denen Facebook ausgeht, dass sie Ihnen gefallen könnten.

8 **Freunde im Chat**: Werden Ihnen angezeigt, sobald Sie erste Freunde haben.

9 **Personen, die du vielleicht kennst**: Hier stellt Facebook Ihnen Nutzer vor, die Ihnen aufgrund Ihrer Angaben vielleicht bekannt sind.

10 **Gesponsert**: Platz für Werbeanzeigen auf Facebook.

11 **Chat**: Sobald Sie Freunde haben, werden Ihnen diese in der Chatleiste angezeigt.

Favoriten in der linken Spalte organisieren

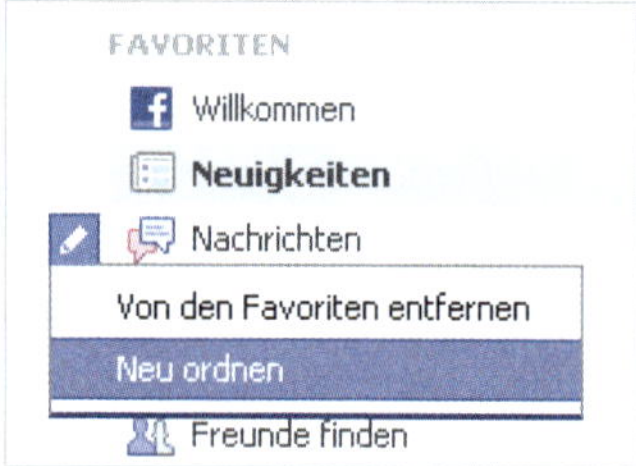

Fahren Sie mit der Maus über die Favoriten in der linken Spalte auf Ihrer Startseite. Gehen Sie auf den Bleistift und entfernen Sie Inhalte von den Favoriten oder ordnen Sie sie neu. Sie können auch Inhalte aus den anderen Bereichen wie Freunde und Anwendungen nach oben in die Favoriten verschieben. Dazu gehen Sie mit der Maus auf die entsprechende Schaltfläche und fügen den gewünschten Inhalt über den Bleistift zu den Favoriten hinzu.

Anzeige von Geburtstagen, Veranstaltungen und Anwendungen

Sobald Sie mit den ersten Facebook-Freunden verbunden sind, erscheint in der rechten Spalte über den Angaben zu Personen, die Sie vielleicht kennen, die Anzeige, wer von Ihren Freunden Geburtstag hat, sowie Veranstaltungen, zu denen Sie eingeladen wurden, und Einladungen zu verschiedenen Anwendungen (meist handelt es sich hier um Spiele).

Das neue Layout für die Startseite

So wird das Design der Startseite, das nach und nach von Facebook ausgerollt wird, für alle Nutzer aussehen. Falls Sie die neue Ansicht noch nicht haben: Auf der Seite Facebook-Neuigkeiten (*http://www.facebook.com/about/newsfeed*) können Sie sich auf die Warteliste setzen lassen und sehen, wer von Ihren Freunden die neue Startseite bereits hat.

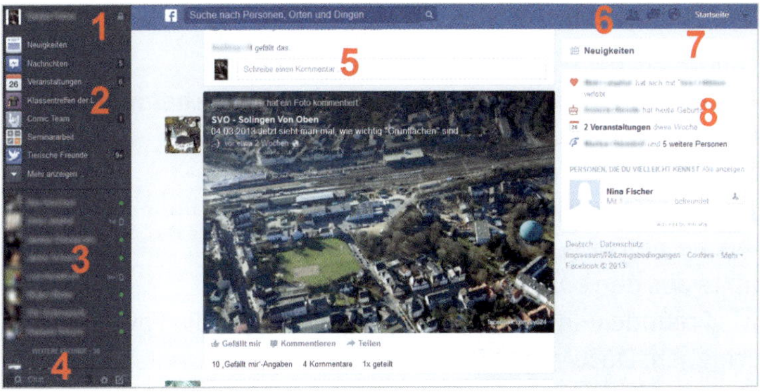

Die Anordnung der einzelnen Elemente ist wie folgt:

1 **Die sogenannte Chatleiste**: Die Leiste ist dunkel hinterlegt und an das Layout der Facebook-App in Smartphones angepasst. In der Chatleiste befinden sich jetzt auch Chatfenster und Ticker. Die rechte Spalte entfällt.

2 **Favoriten**: Anzeige der Favoriten – hier gibt Facebook an, dass dort die am häufigsten verwendeten Funktionen von denen angezeigt werden, die Sie zu den Favoriten hinzugefügt haben.

3 **Freunde**: Anzeige der Freunde, mit denen am meisten interagiert wird.

4 **Ticker und Chatfenster**: Im Ticker wird jetzt noch eine Nachricht angezeigt. Unter dem Ticker befindet sich das Chatfenster.

5 **Der Nachrichtenstrom**: Änderung in der Darstellung der einzelnen Beitragsarten. Unter anderem werden Bildbeiträge größer dargestellt, und Kommentare erscheinen oben im Bild.

6 **Kopfleiste**: Freundschaftsanfragen, Nachrichten und Benachrichtigungen sind von links nach rechts platziert worden.

7 **Neuigkeiten**: Anzeige von unterschiedlichen Nachrichtenströmen.

8 **Geburtstage & Co.**: Dieser Bereich war vorher weiter oben platziert.

Aufbau der Symbolleiste im neuen Design

1 Der eigene Name ist im neuen Design nicht mehr rechts, sondern links über der Chatleiste platziert.

2 Direkt neben dem Namen befindet sich das kleine Schloss, welches zu den Privatsphäre-Verknüpfungen leitet. Über *Weitere Einstellungen anzeigen* gelangen Sie weiterhin zu den Konto- und Privatsphäre-Einstellungen.

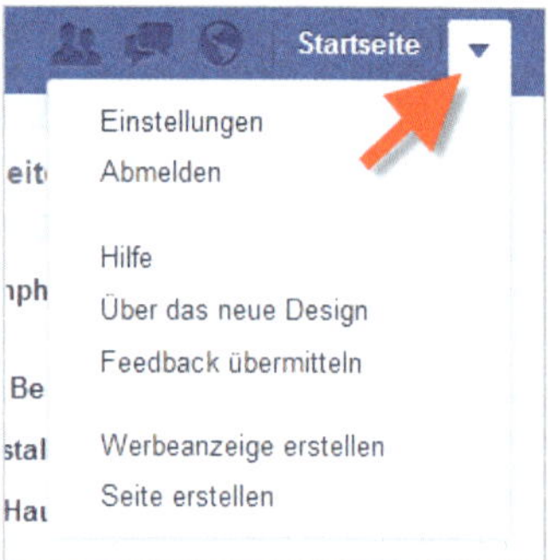

Der Link zur Startseite ist im rechten Abschnitt der Symbolleiste verblieben. Über den kleinen Pfeil gelangen Nutzer zu den Einstellungen und dem Hilfebereich.

Der untere Abschnitt richtet sich an Seitenbetreiber zum Erstellen einer Werbeanzeige und/oder einer Seite.

Die verschiedenen Nachrichtenströme im neuen Design

Bei den Neuigkeiten bietet Facebook verschiedene Nachrichtenströme an. Klicken Sie dazu auf den kleinen Pfeil, um zur Übersicht zu gelangen.

- **Alle Freunde**: Enthält nur Beiträge von Freunden, und zwar in der Reihenfolge, in der sie gepostet wurden.
- **Abonnements**: Dieser enthält Beiträge von Ihren Abonnements und von Seiten, bei denen Sie angegeben haben, dass sie Ihnen gefallen.
- **Gruppen**: Ein Nachrichtenstrom mit den Beiträgen aus allen Gruppen.
- **Fotos**: In diesem Strom dreht sich alles um Fotobeiträge von Ihren Freunden.
- **Neueste Meldungen**: Enthält Neuigkeiten aus den verschiedenen Nachrichtenströmen und zwar in der Reihenfolge, in der sie gepostet wurden.
- **Spiele**: Neuigkeiten rund um Spiele, die Sie und Ihre Freunde verwenden.
- **Musik**: Aktualisierungen von Musikern, die Ihnen gefallen.
- **Enge Freunde, Familie und sonstige Freundeslisten**: In diesem Strom werden die Beiträge Ihrer Freunde gezeigt.

Standardmäßig wird Ihnen immer der Hauptstrom mit allen Neuigkeiten angezeigt. Über Freundes- und Interessenlisten können Sie weitere Nachrichtenströme hinzufügen.

Weitere Informationen zum neuen Design finde Sie im Hilfebereich von Facebook unter *http://www.facebook.com/help/411149058979649*.

Was ist meine Chronik und wie ist sie aufgebaut?

Um es mit den Worten von Facebook auszudrücken, sammelt und teilt jeder Nutzer an diesem Ort Fotos, Erlebnisse und Lebensereignisse, die die eigene Geschichte auf Facebook erzählen. Um zu Ihrer Chronik zu gelangen, klicken Sie auf der Startseite links oder oben rechts in der Leiste auf Ihr Profilbild oder Ihren Namen (siehe Pfeile in der Abbildung).

1 **Profilbild hinzufügen**: Ihr Profilbild wird in einem Fenster mit einer Größe von 160 x 160 Pixeln in Ihrer Chronik angezeigt.

2 **Titelbild hinzufügen**: Schaltfläche zum Hochladen für das Titelbild, das über die gesamte Breite Ihrer Chronik verläuft.

3 **Informationen bearbeiten**: Tragen Sie Informationen über sich ein und verwalten Sie sie.

4 **Aktivitätenprotokoll**: Liefert Ihnen einen Überblick über all Ihre Aktivitäten auf Facebook. Zum Beispiel Ihre Kommentare zu Beiträgen Ihrer Freunde, auf Seiten und in Gruppen.

5 **Zahnrad**: Darüber gelangen Sie zur Option *Ansicht Ihres Profils aus der Sicht von* und zu den Einstellungen für Ihre Chronik und Markierungen.

6 **Chronik**: Über diese Schaltfläche gelangen Sie auf die Chronik. Egal, wo Sie sich gerade in Ihrem Profil befinden.

7 **Info**: Dies ist im oberen Anschnitt die Übersichtsseite mit den von Ihnen eingegebenen Daten zu Ihrer Person. Im unteren Abschnitt befindet sich die Anzeige Ihrer Favoriten, unter anderem Fernsehsendungen, Musik, Bücher und Facebook-Seiten, die Ihnen gefallen.

8 **Freunde**: Übersicht Ihrer Facebook-Freunde.

9 **Fotos**: Übersicht der Fotos, in denen Sie markiert wurden, Ihre eigenen Fotos und Alben.

10 **Mehr**: Dinge, die Ihnen gefallen, wie Musik, Filme, Fernsehsendungen usw.

11 **Info**: Ihre Angaben zu Arbeitgeber, Schule und Wohnort.

12 **Was machst Du gerade**: Dies ist das Eingabefeld für Ihre Beiträge.

13 **Favoriten**: Darstellung der Inhalte, die Ihnen gefallen haben, und die Aktivitäten in den einzelnen Bereichen.

14 **Monats- und Jahresangabe**: Abruf der Inhalte Ihrer Chronik nach Monaten und später auch nach Jahren.

Die Inhalte in der linken Spalte bleiben stehen, wenn Sie nach unten scrollen, um später Beiträge aus der Vergangenheit auf Ihrer Chronik anzuschauen.

Anzeige der Bereiche in der linken Spalte Ihrer Chronik

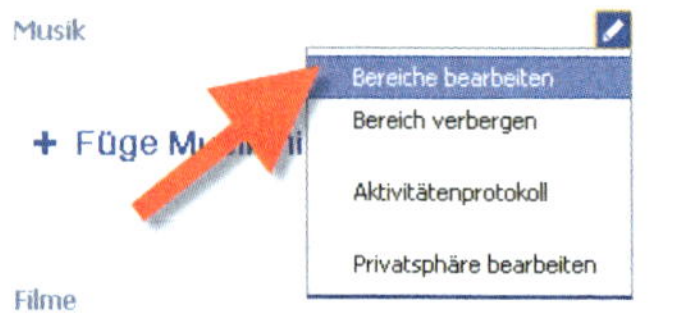

Wie bereits erwähnt, ist die linke Spalte Ihrer Chronik in einzelne Bereich aufgeteilt. Diese sind zunächst *Info*, *Freunde*, *Fotos*, *Orte*, *Musik*, *Filme*, *Fernsehsendungen*, *Bücher*, *„Gefällt mir"-Angaben*, *Fitness* und *Notizen*. Stellen Sie ein, welche der Bereiche auf Ihrer Chronik angezeigt werden sollen.

Um die Anzeige in der Chronik zu bearbeiten, fahren Sie mit der Maus über einen der Bereiche und gehen über den Bleistift auf *Bereiche festlegen*.

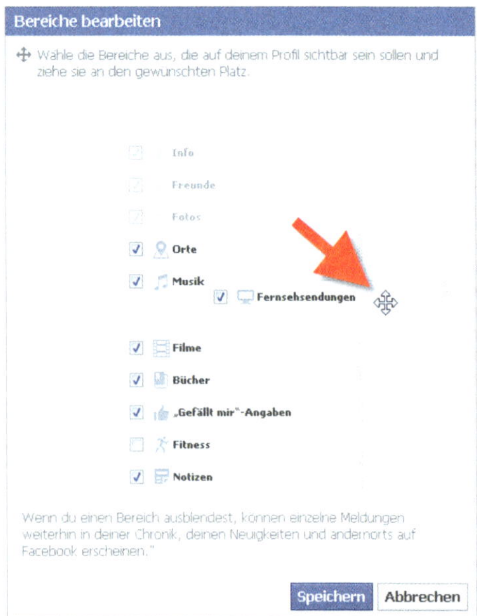

Es öffnet sich eine Maske mit der Anzeige der einzelnen Bereiche. *Info*, *Freunde* und *Fotos* sind fix integriert, alle anderen Bereiche können Sie von der Ansicht in der Chronik ausschließen. Dazu müssen Sie an den entsprechenden Stellen den Haken entfernen. Auch lässt sich die Position der Bereiche verändern. Hier fahren Sie mit der Maus über die Bereiche – der Cursor verändert sich in ein Kreuz – und verschieben diese an die gewünschte Position.

Die Bereiche der linken Spalte werden auch in der gleichen Reihenfolge unter Ihrem Titelbild angezeigt. Alle von Ihnen auf der Chronik als sichtbar eingestellten Bereiche finden Sie auch über die Schaltfläche *Mehr.*

Anzeige der neuesten Aktivitäten auf Ihrer Chronik

Ganz unten unter allen Bereichen zeigt Facebook noch den Bereich *Neueste Aktivität* an. Dieser Bereich kann nicht über die Funktion *Bereiche bearbeiten* eingestellt werden und wird auch nicht über die Schaltfläche *Mehr* angezeigt.

Hier handelt es sich um die Anzeige von Aktivitäten wie zum Beispiel Kommentare, Freundschaftsaktivitäten, Änderungen in Ihrem Profil usw. Facebook bietet Ihnen verschiedene Optionen, diesen Bereich zu bearbeiten.

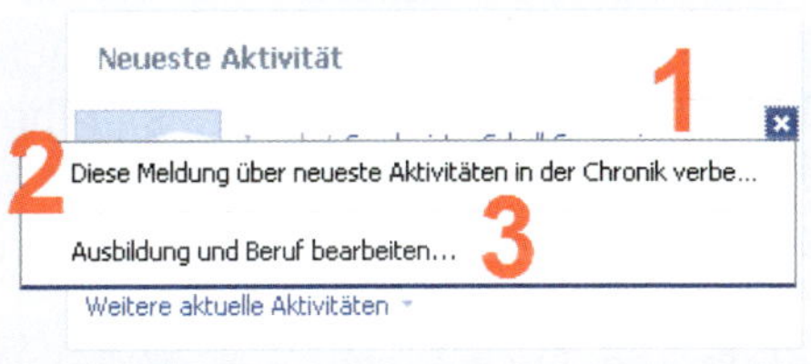

1 Fahren Sie mit der Maus über die Aktivität, die Sie bearbeiten möchten.
2 Geben Sie an, ob Sie diese Meldung in Ihrer Chronik verbergen möchten.
3 Geben Sie an, ob Sie weitere Bearbeitungen vornehmen möchten. Je nach Aktivität bietet Facebook Ihnen an dieser Stelle auch eine andere Option. Meist lautet diese *Ähnliche Aktivitäten in der Chronik verbergen.*

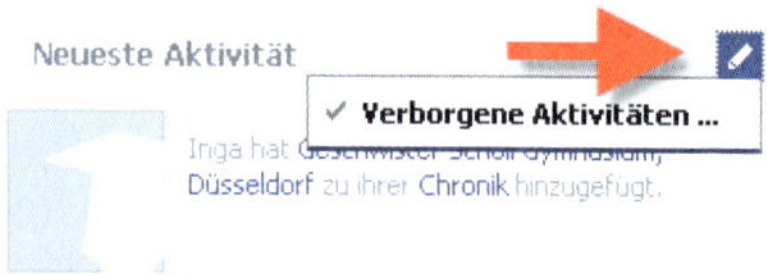

Um bestimmte Meldungen doch wieder im Bereich *Neueste Aktivitäten* anzuzeigen, fahren Sie mit der Maus darüber und klicken auf den Bleistift. Über die Schaltfläche *Verborgene Aktivitäten* werden Ihnen die Arten von Aktivitäten angezeigt, die Sie verborgen haben.

Klicken Sie auf das Kreuz der Aktivitäten, die Sie in Zukunft wieder in Ihrer Chronik im Bereiche *Neueste Aktivitäten* anzeigen möchten.

Hinweis: Wenn Sie alle Aktivitäten verborgen haben, wird Ihnen der Bereich *Neueste Aktivität* nicht mehr angezeigt, und Sie können ihn auch an keiner anderen Stelle aufrufen. Zur Reaktivierung tragen Sie etwas in Ihrem Profil an einer Stelle ein, wozu Sie vorher noch keine Angaben gemacht haben. Dann müsste der Bereich wieder sichtbar sein.

Sichtbarkeit der einzelnen Bereiche in Ihrer Chronik

Wie sich die Privatsphäre-Einstellungen auf die Sichtbarkeit der Inhalte in den einzelnen Bereichen Ihrer Chronik auswirken, erfahren Sie im folgenden Kapitel.

2. Privatsphäre: So haben Sie alles unter Kontrolle

Das Thema Privatsphäre wird in Verbindung mit Facebook immer wieder diskutiert. Lesen Sie in diesem Kapitel, wie Sie die Sichtbarkeit Ihrer Daten und Aktivitäten einstellen.

Schotten dicht oder nicht?

Grundsätzlich bleibt es Ihnen überlassen, wer welche Inhalte und Aktivitäten von Ihnen sehen darf und wer nicht. Wenn Sie die Schotten für die Außenwelt eher dicht machen möchten, tun Sie gut daran, wenn Sie sich erst einmal einen Überblick über die Einstellungen zur Privatsphäre verschaffen. Tun Sie dies am besten, bevor Sie mit der Eingabe von Daten, dem Hochladen von Fotos und dem Verfassen von Beiträgen beginnen.

Privatsphäre-Einstellungen und Werkzeuge

Als Erstes rufen Sie Ihre *Privatsphäre-Einstellungen* über das Zahnrad oben rechts auf.

Diese Ansicht ist in zwei Bereiche aufgeteilt. Im ersten Abschnitt *Wer kann meine Inhalte sehen?* geht Facebook auf die Sichtbarkeit von Ihren zukünftigen Beiträgen, Markierungen und die Einschränkung der Sichtbarkeit von vergangenen Beiträgen ein.

Im zweiten Abschnitt stellen Sie ein, wer nach Ihnen auf Facebook suchen kann und ob Ihr Facebook-Profil in den Suchmaschinen gefunden werden darf oder nicht.

Überall ist individuelle Privatsphäre möglich

Bei all Ihren Daten, Beiträgen und Aktivitäten haben Sie die Möglichkeit, diese individuell einzustellen. Und überall wird Ihnen je nach Einstellung das Symbol für *Öffentlich*, *Freunde*, *Nur ich* und *Benutzerdefiniert* sowie für Listen angezeigt. Überall, wo Ihnen diese Symbole begegnen, haben Sie die Möglichkeit, die Sichtbarkeit individuell einzustellen.

Persönliche Daten: Wer darf gucken?

Um die persönlichen Angaben auf Ihrer Infoseite zu bearbeiten, gehen Sie auf Ihre Chronik und dort auf die Schaltfläche *Info* oder *Informationen bearbeiten*.

Über *Informationen bearbeiten* wird Ihnen als Erstes der Bereich *Arbeit und Ausbildung* 1 zum Bearbeiten angeboten. Klicken Sie auf *Fertig bearbeitet,* auch wenn Sie dazu keine Angaben machen möchten.

Wenden Sie sich zunächst den Bereichen zu, wo Sie bei der Registrierung bereits Angaben gemacht haben. Also die Bereiche *Allgemeines* 2 und *Kontakt* 3.

1 Gehen Sie auf die Schaltfläche *Bearbeiten*.

2 Gehen Sie auf die Weltkugel, um die Sichtbarkeit anzupassen.

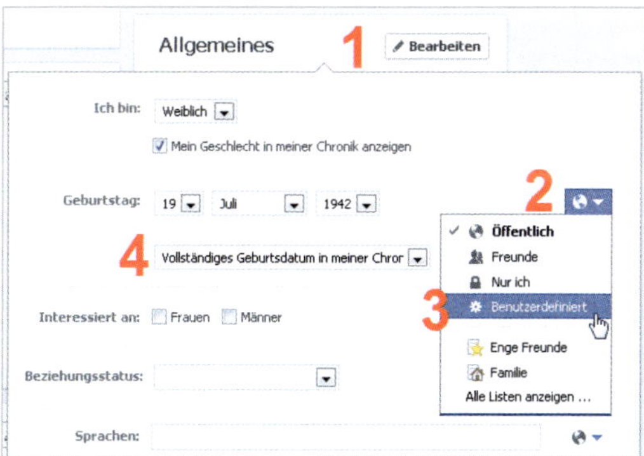

3 Wenn Sie *Benutzerdefiniert* wählen, können Sie Ihre Daten auch nur bestimmten Personen zugänglich machen.

4 Geben Sie an, ob und in welcher Form Ihr Geburtsdatum in Ihrer Chronik angezeigt werden soll.

Fahren Sie nach diesem Schema fort, tragen Sie Ihre Daten in die einzelnen Bereiche der Maske ein und passen Sie jeweils die Sichtbarkeit an. Die ausgefüllte Infoseite in Ihrem Profil sieht dann zum Beispiel so aus wie in diesem Bild.

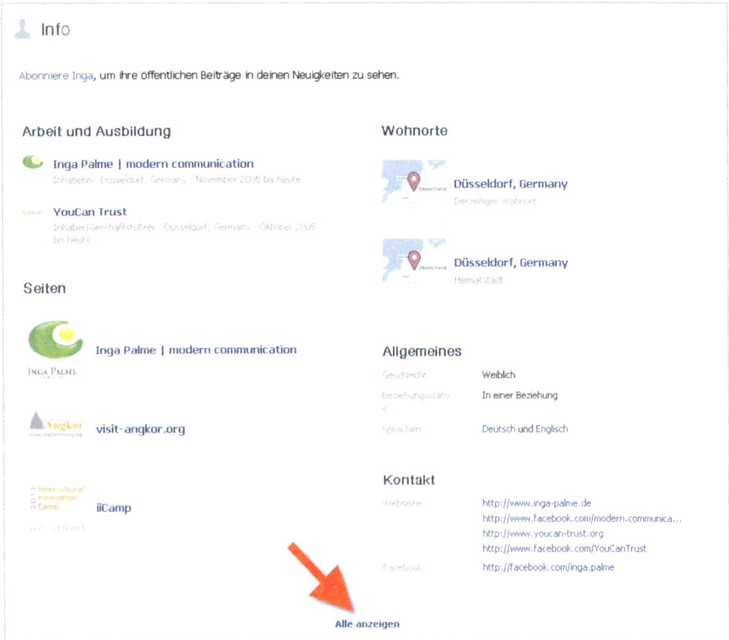

Über *Alle anzeigen* unten werden alle hinterlegten Daten aufgeführt.

Besonderheit zum Bereich Arbeit und Ausbildung auf Ihrer Infoseite

Ihren Arbeitgeber tragen Sie im Bereich *Arbeit und Ausbildung* auf Ihrer Infoseite ein.

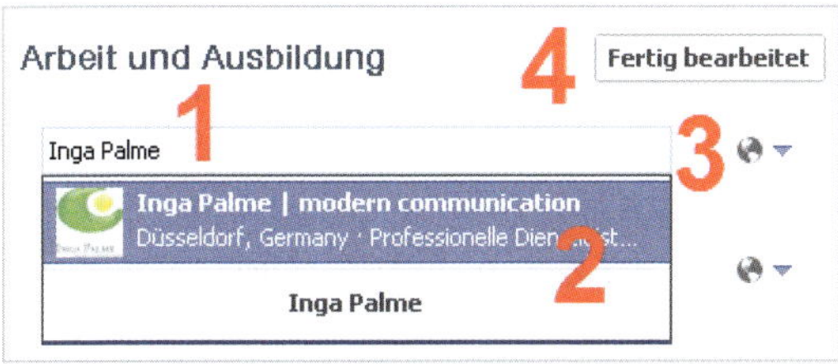

1 Gehen Sie in diesem Bereich auf *Bearbeiten* und geben Sie den Namen Ihres Arbeitgebers ein.

2 Sobald Facebook Ihren Arbeitgeber erkennt, erscheint dieser in der Vorschau als Vorschlag. Klicken Sie diesen Vorschlag an und tragen Sie bei Bedarf noch Ihre Position, den Ort, eine Beschreibung und den Zeitraum ein.

3 Stellen Sie die Sichtbarkeit Ihres Arbeitgebers für andere auf Ihrer Infoseite ein und klicken Sie auf *Arbeitsstelle hinzufügen*.

4 Tragen Sie gegebenenfalls noch Projekte ein und speichern Sie über *Fertig bearbeitet* ab.

Informationen zu Arbeit und Ausbildung werden von Facebook voreingestellt als Meilensteine auf Ihrer Chronik angezeigt: Was es mit Meilensteinen auf sich hat, erfahren Sie in Kapitel 5.

Hinweis zu Familienmitgliedern

Möchten Sie ein Familienmitglied auf Ihrer Infoseite eintragen, müssen Sie zunächst miteinander befreundet sein. Das Thema Facebook-Freunde wird in Kapitel 3 ausführlich behandelt.

Das passende Publikum für Ihre Beiträge

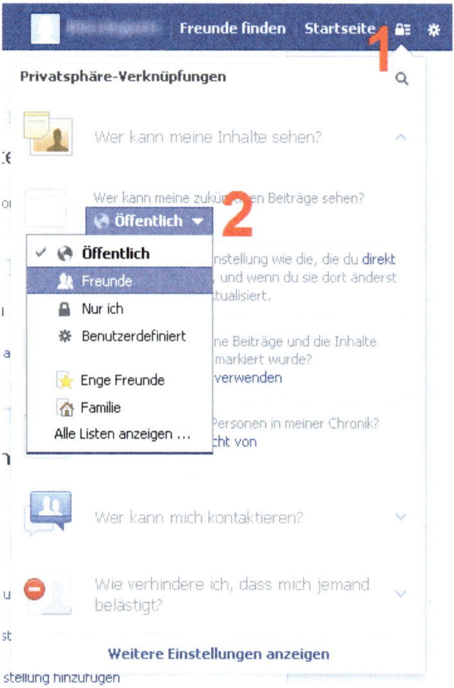

Um das passende Publikum für Ihre Beiträge zu wählen, gehen Sie oben rechts über das Symbol mit dem Sicherheitsschloss 1 auf Ihre Privatsphäre-Verknüpfungen.

Die Sichtbarkeit für Ihre zukünftigen Beiträge hat Facebook voreingestellt auf *Öffentlich* gesetzt. Um dies zu ändern, gehen Sie auf die Weltkugel 2 und wählen das Publikum für Ihre Beiträge.

Sobald geschehen, ändert sich die Anzeige des Publikums in der Eingabemaske für Beiträge.

Um dies zu prüfen, gehen Sie auf Ihre Chronik oder Startseite.

1 Klicken Sie mit der linken Maustaste in das Eingabefeld für Beiträge 1.

2 Sobald Sie geklickt haben, erscheint neben der Schaltfläche *Posten* das von Ihnen gewählte Publikum 2.

Hinweis: Sie können auch in der Bearbeitungsmaske das Publikum jederzeit ändern. Facebook merkt sich die Einstellung, und sie gilt dann für alle zukünftigen Beiträge, so lange, bis Sie sie wieder ändern.

Besonderheit bei Markierungen in Beiträgen

Grundsätzlich können Freunde, deren Freunde in einem Beitrag markiert wurden, sehen, wenn dieser mit Freunden und Freunden von Freunden geteilt wurde.

Um dies auszuschließen, wählen Sie in der Sichtbarkeit Ihres Beitrags die Option *Benutzerdefiniert* und entfernen den Haken bei *Freunde von markierten Personen*.

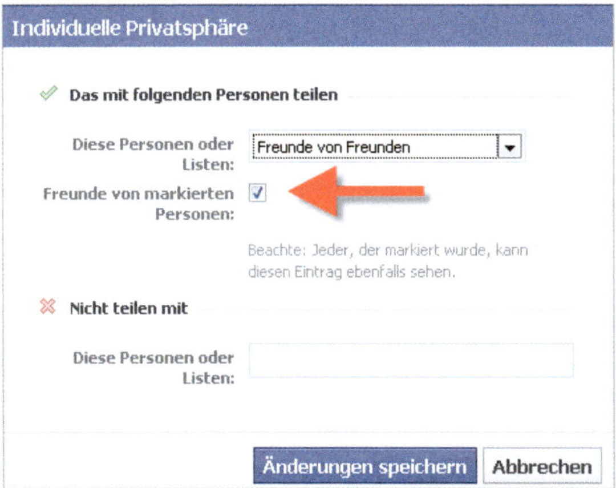

Anzeige von Namen in Beiträgen verhindern

Die hier beschriebene Vorgehensweise verhindert auch, dass andere sehen, mit welchem Publikum ein Beitrag geteilt wurde. Es wird lediglich der Hinweis auf *Benutzerdefiniert* angezeigt.

Folgendes ist je nach gewähltem Publikum für andere sichtbar:

- **Angabe von bestimmten Freunden:** Jeder, der in diesem Beitrag hinzugefügt wurde, kann die Namen der anderen sehen.

- **Teilen mit einer Liste:** Auch hier sehen alle Personen des gewählten Publikums die Namen der anderen, mit denen der Beitrag geteilt wurde.
- **Teilen mit einer intelligenten Liste:** Zu den intelligenten Listen gehören zum Beispiel Arbeitskollegen. Wenn Sie einen Beitrag mit dieser Liste teilen, wird allen der Name der Liste angezeigt.

Hinweis: Das Thema Freundeslisten wird in Kapitel 3 behandelt.

Immer öffentlich: Profil- und Titelbild

Fakt ist: Sie haben keinen Einfluss darauf, die Sichtbarkeit Ihres Profil- und Titelbildes einzustellen. Beide sind immer öffentlich, egal ob Sie ihr Profil im Gesamten lieber privat oder öffentlich halten wollen.

Profilbild hinzufügen

Rufen Sie Ihre Chronik auf und gehen Sie auf die Schaltfläche *Profilbild hinzufügen*. Die Maße für das Profilbild sind mindestens 180 x 180 Pixel, wenn Sie ein kleineres Bild wählen, erhalten Sie eine Fehlermeldung.

Miniaturbild bearbeiten

Facebook ordnet Ihr Profilbild all Ihren Aktivitäten, zum Beispiel Ihren Beiträgen, in Form eines Miniaturbildes zu. Um dieses anzupassen, fahren Sie mit der Maus über Ihr hinzugefügtes Profilbild und gehen dort auf die Schaltfläche *Miniaturbild bearbeiten*.

Titelbild hinzufügen

Rufen Sie Ihre Chronik auf und gehen auf die Schaltfläche *Titelbild hinzufügen*. Das Titelbild wird in einer Größe von 851 x 315 Pixeln angezeigt. Bis zu einer Größe von 720 Pixeln Breite wird es skaliert, also vergrößert angezeigt. Wenn Sie ein kleineres Bild als Titelbild verwenden möchten, erhalten Sie eine Fehlermeldung von Facebook.

Titelbild verschieben

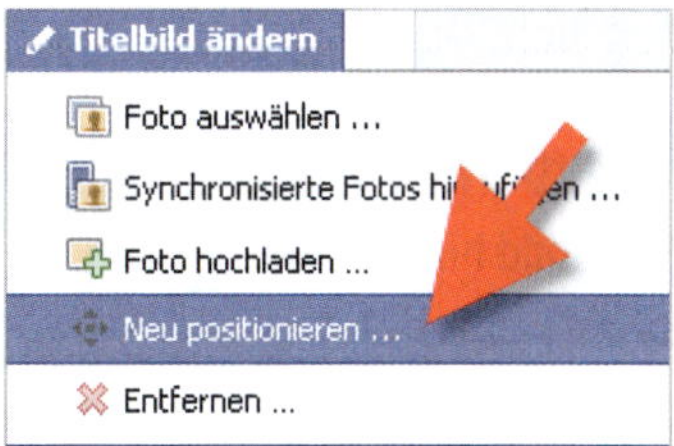

Ist Ihr Titelbild höher als 315 Pixel, so können Sie es auch noch nach oben und unten verschieben, um so den besten Ausschnitt zu zeigen. Fahren Sie dazu mit der Maus über Ihr Titelbild und gehen Sie auf die Schaltfläche *Titelbild ändern*. Gehen Sie in der Auswahl auf die Option *Neu positionieren* und verschieben Sie Ihr Titelbild in die richtige Position.

Wahl des richtigen Titelbildes

Beachten Sie bei der Wahl Ihres Titelbildes auch den Hinweis von Facebook. Dort lautet es:

Diese Fläche ist nicht für Banneranzeigen oder andere Werbung gedacht. Bitte verwende keine Inhalte, bei denen es sich um kommerzielle Inhalte, Werbung bzw. Verstöße gegen Urheberrechte handelt oder die bereits von anderen Personen als Titelbilder verwendet werden.

Urheberrechte beim Profil- und Titelbild beachten

Achten Sie sowohl beim Profil- als auch beim Titelbild darauf, dass Sie die Rechte an den Bildern besitzen und keine Urheberrechte verletzen. So darf zum Beispiel ein Passbild in der Regel nicht als Profilbild verwendet werden, eben weil nur das Recht zur Nutzung als Passbild eingeräumt wird.

In der Facebook-Hilfe finden Sie weitere Informationen zur Installation von Profil- und Titelbild unter *https://www.facebook.com/help/388305657884730*.

Sichtbarkeit von Fotos und Alben

Alle Ihre Fotos verwaltet Facebook in Alben. Sobald Sie ein Profil- und Titelbild hochladen oder ein Bild auf Ihrer Chronik posten, erstellt Facebook dazu automatisch ein Album. Dort werden dann später all Ihre weiteren Profil-, Titel- und Chronikbilder gesammelt. Zusätzliche können Sie auch eigene Alben anlegen. Die Optionen zum Einstellen der Sichtbarkeit der verschiedenen Alben sind:

- **Album Titelbilder**: Diese sind immer öffentlich. Das bedeutet, dass alle Bilder, die Sie als Titelbild hinzufügen, in diesen Ordner gelangen und dass sie auch öffentlich sichtbar sind, selbst wenn sie aktuell nicht als Titelbild verwendet werden. Sobald Sie ein neues Titelbild installieren, erhalten Ihre Facebook-Freunde eine Nachricht darüber in ihren Neuigkeiten auf der Startseite.

- **Album Profilbilder**: In dieses Album fügt Facebook alle Bilder hinzu, die Sie als Profilbild gewählt haben. Dabei verhält es sich so, dass das von Ihnen aktuell gewählte Profilbild in der Chronik angezeigt wird. Aber: Es ist möglich, alle Bilder in diesem Album individuell in ihrer Sichtbarkeit einzustellen. Diejenigen, die nicht zum gewählten Publikum gehören, können die Bilder im Album *Profilbilder* nicht sehen. Sobald Sie jedoch eins der Bilder, das Sie in der Sichtbarkeit eingeschränkt haben, als Profilbild verwenden, können alle Nutzer es sehen, wenn sie Ihre Chronik besuchen.

Die Sichtbarkeit von Profilbildern erkennen

Sie erkennen die eingeschränkte Sichtbarkeit eines Profilbildes darin, dass Sie es nicht, wie sonst bei Bildern üblich, in einer neuen Maske öffnen können.

- **Album Chronikfotos**: In dieses Album fügt Facebook alle Fotos hinzu, die Sie auf Ihrer Chronik posten. Alle Bilder in diesem Album lassen sich in ihrer Sichtbarkeit individuell einstellen.
- **Eigene Alben**: Bei Ihren eigenen Alben lassen sich die Fotos in den Alben nicht individuell in ihrer Sichtbarkeit einstellen. Ein von Ihnen selbst erstelltes Album ist also entweder komplett öffentlich oder für Ihre Freunde sichtbar.

Zum Ändern der Sichtbarkeit gehen Sie auf das Symbol neben dem Datum. Bei einem bislang öffentlichen Foto wird die Weltkugel angezeigt. Geben Sie an, wer Ihr Foto sehen darf.

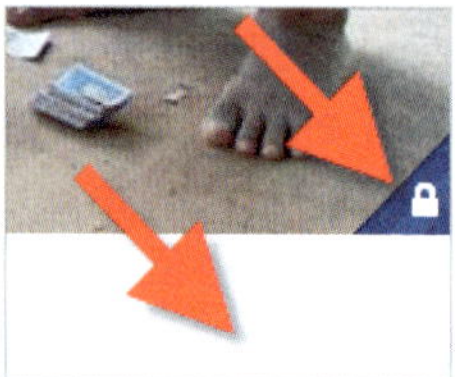

Wenn Sie angeben, dass nur Sie selbst ein Foto sehen, zeigt Facebook Ihnen auf Ihrer Chronik als zusätzliches Erkennungsmerkmal ein weißes Schloss auf blauem Hintergrund in der rechten unteren Ecke Ihres Bildes an und am oberen und unteren Rand Ihres Beitrags eine blau-weiß gestreifte Kante.

Was sind Markierungen auf Bildern und wie markiere ich Bilder?

Stellen Sie sich vor, Sie waren auf einer Party und einer Ihrer Facebook-Freunde hat dort Fotos gemacht. Ihr Freund lädt die Bilder hoch, und um seinen Freunden zu zeigen, wer sich auf dem Bild befindet, markiert Ihr Facebook-Freund die Bilder mit Ihrem Namen. Sie können entscheiden, ob Sie die Markierung nun gut finden oder nicht und dementsprechend handeln. Zunächst das Markieren von Bildern.

Wie markiere ich Bilder?

Rufen Sie das Bild auf, das Sie markieren möchten, und fahren Sie mit der Maus über den unteren Rand. Es erscheint die Schaltfläche *Foto markieren*. Die gleiche Schaltfläche finden Sie auch rechts neben dem Bild bei den Bildangaben.

Sobald aktiviert verwandelt sich der Cursor von Ihrer Maus in ein Kreuz. Klicken Sie nun mit der linken Maustaste auf eine beliebige Stelle im Bild. Es öffnet sich eine Maske, über die Sie die Freunde aussuchen können, die Sie auf dem Bild markieren möchten.

Sobald Sie mit Ihren Markierungen fertig sind, gehen Sie unten auf dem Bild auf die Schaltfläche *fertig markiert*.

Der markierte Freund wird mit seinem Namen als klickbarer Link in den Angaben zum Bild angezeigt.

Achten Sie darauf, dass Sie nur Freunde auf Bildern markieren, von denen Sie wissen, dass diese auch damit einverstanden sind.

Überprüfung von Markierungen einstellen und Markierungen prüfen

1 Wenn Sie Markierungen überprüfen möchten, gehen Sie auf Ihrer Chronik über das Zahnrad neben der Schaltfläche *Aktivitätenprotokoll* auf *Chronik-Einstellungen* 1.

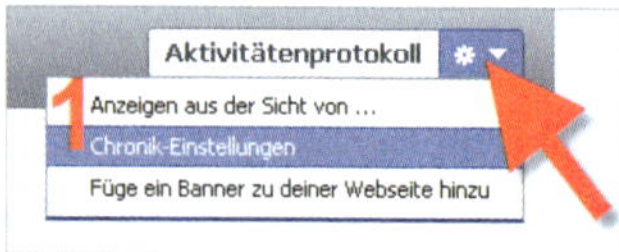

2 Aktivieren Sie im oberen Abschnitt *Wer kann Inhalte zu meiner Chronik hinzufügen?* 2 die Prüfung für Markierungen.

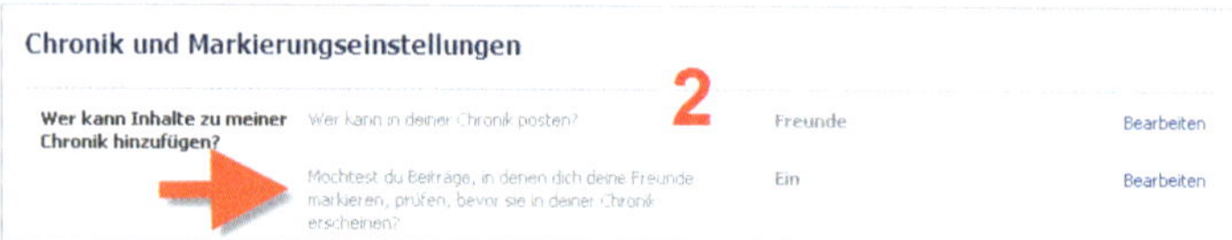

Weitere Einstellungsoptionen

Stellen Sie im zweiten Abschnitt der Chronik und Markierungseinstellungen ein, wer markierte Fotos auf Ihrer Chronik sehen darf. Und aktivieren Sie bei Bedarf im dritten Abschnitt die Prüfung von Markierungen von anderen auf Ihren eigenen Fotos.

Markierungen im Aktivitätenprotokoll prüfen

Sobald Sie auf einem Bild markiert werden, erhalten Sie eine Benachrichtigung über die Weltkugel.

Gehen Sie auf die Weltkugel und rufen Sie die Meldung auf. Sie befinden sich nun in der Chroniküberprüfung. Facebook bietet Ihnen diese Optionen zur Auswahl:

- Die Markierung bestehen lassen und das Bild zu Ihrer Chronik hinzufügen.
- Die Markierung bestehen lassen und das Bild auf Ihrer Chronik verbergen.
- Die Markierung entfernen.
- Den Nutzer auffordern, dass das Bild von Facebook entfernt wird.

Alle Fotos, in denen Sie markiert wurden, zeigt Facebook in der Übersicht *Fotos von <Ihr Name>* auf Ihrem Profil an.

Wie entferne ich Markierungen von mir auf anderen Bildern?

Wenn Sie die Markierung auf einem Foto wieder entfernen möchten, rufen Sie das entsprechende Bild in der Chroniküberprüfung in Ihrem Aktivitätenprotokoll auf.

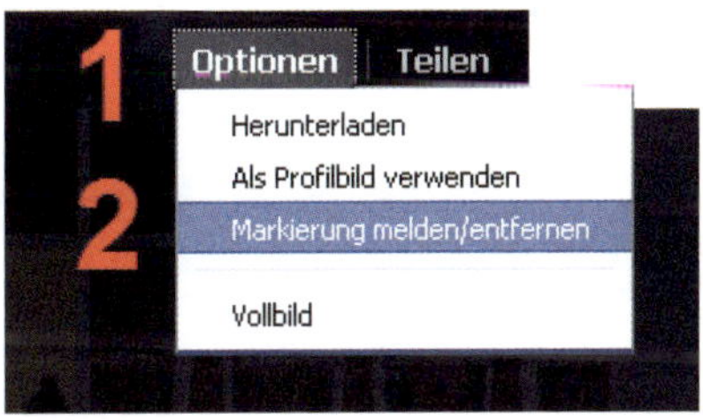

1. Gehen Sie unter dem Bild auf *Optionen*.
2. Klicken Sie auf *Markierung melden/entfernen* und setzen Sie in der Bearbeitungsmaske den Haken bei *Ich möchte meine Markierung entfernen*.

Sichtbarkeit von Angaben und Meldungen in den Bereichen Ihrer Chronik

In Kapitel 1 wurde bereits das Anzeigen und Verbergen der einzelnen Bereiche in Ihrer Chronik erläutert. Über die Privatsphäre-Einstellungen regeln Sie, wer welche Inhalte in den einzelnen Bereichen sehen darf.

Der Bereich Info mit den Angaben zu Ihrem Profil

Im Bereich *Info* stellen Sie die Sichtbarkeit über die Schaltfläche *Informationen bearbeiten* ein.

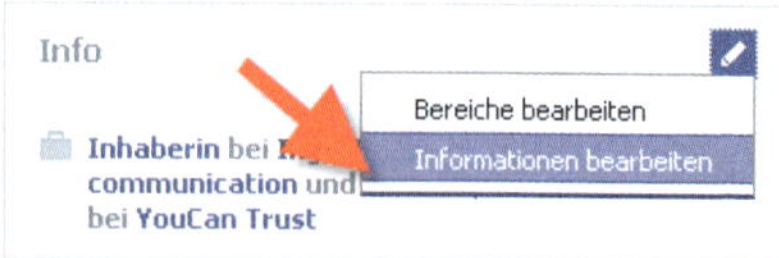

Die Sichtbarkeit von Freunden anpassen

Im Bereich *Freunde* werden in der Vorschau bis zu neun Freunde angezeigt.

Die Sichtbarkeit Ihrer Freundesliste können Sie allgemein einstellen.

Fahren Sie dazu mit der Maus über den Bereich *Freunde* und gehen Sie auf *Privatsphäre bearbeiten*.

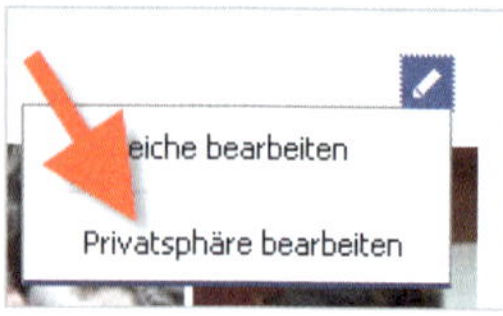

Es öffnet sich eine Maske, worüber Sie die Sichtbarkeit Ihrer Freundesliste anpassen. Geben Sie auch die Sichtbarkeit zu Abonnenten und Abonnements an.

Sichtbarkeit von gemeinsamen Freunden

Sie haben keinen Einfluss darauf, die Sichtbarkeit von gemeinsamen Freunden einzustellen.

Facebook zeigt grundsätzlich jedem Nutzer die gemeinsamen Freunde an. Dabei macht Facebook keinen Unterschied, ob Nutzer miteinander befreundet sind oder nicht.

Der Bereich Fotos für Markierungen

Der Bereich *Fotos* zeigt die Bilder an, auf denen Sie markiert wurden und die Sie für die Anzeige auf Ihrer Chronik zugelassen haben. Zur Anpassung der Sichtbarkeit gehen Sie über die Privatsphäre-Einstellungen (Zahnrad in der Leiste oben) auf den Bereich *Chronik- und Markierungseinstellungen* und geben an, wer Beiträge sehen kann, in denen Sie markiert wurden.

Funktionalität und Sichtbarkeit der Karte in Verbindung mit Orten

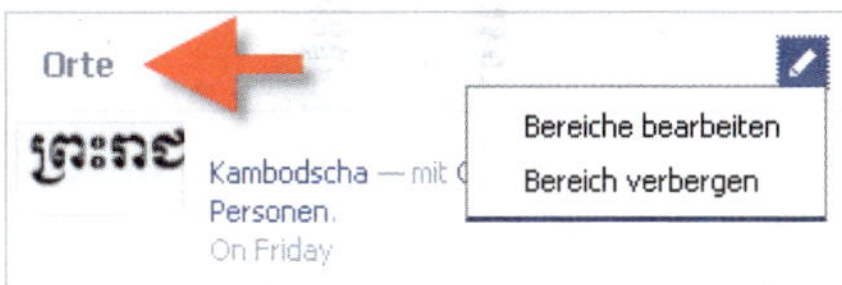

Sobald Sie auf Facebook angegeben haben, dass Sie sich an einem Ort befinden, oder einem Bild einen Ort zugeordnet haben, wird der Bereich *Orte* in der linken Spalte Ihrer Chronik angezeigt. Mit *Orte* ist eine Karte verbunden, auf der alle Aktivitäten in Verbindung mit Orten markiert werden.

Solch eine Karte mit Markierungen sieht zum Beispiel so aus wie auf dem folgenden Bild.

Diese Inhalte werden in Ihrer Karte angezeigt:

- Angabe zu Ihrem Arbeitgeber, Heimatort und derzeitiger Wohnort.
- Lebensereignisse, sofern sie mit einer Ortsangabe verknüpft sind.
- Orte, an denen Sie über Ihr Mobiltelefon mittels Facebook-App eingecheckt haben.
- Fotos mit Ortsangabe, auf denen Sie markiert wurden.

Andere Nutzer können die Markierungen auf Ihrer Karte nur dann sehen, wenn Sie die Sichtbarkeit entsprechend eingestellt haben. Selbst bei von anderen öffentlich eingestellten Fotos mit Ortsangabe, in denen Sie markiert wurden, kann nur der in Ihren Privatsphäre-Einstellungen gewählte Personenkreis die Markierungen auf der Karte und auch die Fotos sehen.

Sie haben auch nachträglich jederzeit die Möglichkeit, die Sichtbarkeit der Einträge auf der Karte anzupassen.

Musik, Fernsehsendungen, Filme und Bücher – Funktionalität und Sichtbarkeit

Geben Sie zum Beispiel an, welche Musik oder Fernsehsendung Ihnen gefällt, welchen Film Sie bereits gesehen haben und welches Buch Sie noch lesen möchten.

Rufen Sie die einzelnen Bereiche auf und geben Sie in jedem dieser Bereiche über *Privatsphäre bearbeiten* an, wer sehen darf, was Ihnen gefällt.

Solange Sie noch keine Angaben in den einzelnen Bereichen gemacht haben, leitet Facebook Sie zu einer Übersichtsseite mit Vorschlägen, wie hier bei Fernsehsendungen.

Stellen Sie in den Vorschlägen ein, wer zum Beispiel sehen darf, welches Buch Sie lesen möchten.

Hinweis: Facebook übernimmt jede Änderung an den Privatsphäre-Einstellungen, zum Beispiel bei *Gesehen* und *Möchte ich sehen* bei Fernsehsendungen, komplett bei allen vier Bereichen *Musik, Fernsehsendungen, Filme* und *Bücher*. Also zum Beispiel auch bei *Gelesen* und *Möchte ich lesen* im Bereich *Bücher*.

Aus Vorschlägen auswählen

Wählen Sie aus den Vorschlägen den passenden Inhalte und oder nutzen Sie das Suchfenster über den Vorschlägen. Sobald

Sie mit Ihrer Maus über einen der Vorschläge fahren, erscheint oben rechts ein Kreuz, worüber Sie Vorschläge entfernen können, wenn sie Ihnen nicht gefallen. Wenn Sie einen Vorschlag hinzufügen möchten, erscheint eine kleine Maske mit verschiedenen Optionen:

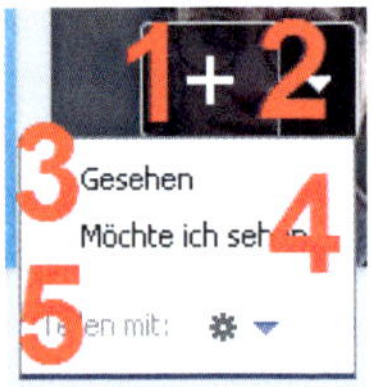

1. **Das Pluszeichen**: Fügen Sie den Vorschlag zu Ihrem Bereich hinzu.
2. **Pfeil nach unten**: Öffnen Sie über diesen Pfeil weitere Optionen.
3. **Gesehen**: Fügen Sie den Vorschlag je nach Bereich dem Abschnitt *Gelesen* bzw. *Gesehen* hinzu.
4. **Möchte ich sehen**: Tun Sie dies, wenn Sie das Buch noch lesen oder den Film noch sehen möchten.
5. **Teilen mit**: Geben Sie das Publikum für diesen Inhalt an. Wie bereits beschrieben, merkt sich Facebook diese Einstellung auch in den anderen Bereichen.

Weitere Inhalte direkt auf der Chronik hinzufügen

1. Sobald Sie einen Inhalt zu einem Bereich hinzugefügt haben, erscheint ein kleines Pluszeichen, wenn Sie mit der Maus über den entsprechenden Bereich fahren. Sie können dann auch direkt von Ihrer Chronik aus weitere Inhalte hinzufügen.
2. Passen Sie bei Bedarf auch die Sichtbarkeit dieses neuen Inhalts ein. Die Sichtbarkeit von bereits hinzugefügten Inhalten ändert sich dabei nicht.

Theoretisch können Sie sich also eine Art private Bibliothek anlegen mit nur für Sie sichtbaren Bereichen mit allen Filmen,

Büchern usw., die Sie noch sehen bzw. lesen möchten, und sie dann in *Gelesen* bzw. *Gesehen* übertragen.

Anwendungen für Bereiche schalten

Sollten Sie Anwendungen wie den Bilderdienst Pinterest (*http://pinterest.com*) verwenden, erstellt Facebook dazu einen eigenen Bereich auf Ihrer Chronik. Um Musik zu hören, braucht es eine Anwendung. Standardmäßig werden Sie dazu im Bereich *Musik* auf Spotify geleitet. Im Bereich *Fitness* sind wiederum verschiedene Fitnessanwendungen integriert. Facebook leitet Sie automatisch zur Auswahlseite mit verschiedenen Anbietern, sobald Sie den Bereich *Fitness* aufrufen.

Bücher & Co. von anderen Profilen hinzufügen

Beim Besuch anderer Profile werden Ihnen die Bereiche zu Büchern & Co. auf der Chronik angezeigt, wenn Sie zum ausgewählten Publikum gehören. Dort können Sie auch direkt einen Inhalt Ihren eigenen Bereichen hinzufügen. Dazu mit der Maus über den entsprechenden Inhalt gehen, auf das Pluszeichen klicken und den Inhalt zum Bereich in Ihrem Profil hinzufügen.

Sobald geschehen, zeigt Facebook Ihnen auf allen Profilen, die den gleichen Inhalt anzeigen, mit einem Häkchen an, dass Sie diesen Inhalt bereits hinzugefügt haben.

Hinweis: Auf der Chronik selbst werden in den Bereichen nur die Inhalte angezeigt, die Nutzer bereits gesehen bzw. gelesen haben. Um die Inhalte aufzurufen, die Nutzer noch sehen bzw. lesen möchten, klicken Sie auf den Namen des jeweiligen Bereichs.

„Gefällt mir"-Angaben verwalten

Sobald Sie angeben haben, dass Ihnen Seiten auf Facebook gefallen, wird der Bereich *„Gefällt mir"-Angaben* auf Ihrer Chronik angezeigt, sofern Sie den Bereich nicht vorher verborgen haben.

In diesen Bereich fallen alle Seiten, bei denen Sie angegeben haben, dass sie Ihnen gefallen. Stellen Sie über *Privatsphäre bearbeiten* die Sichtbarkeit der einzelnen Kategorien ein.

Übrigens: Die Kategorien beziehen sich nicht nur auf *Gefällt mir*-Angaben zu Seiten. So beinhaltet die Kategorie *Sonstiges* z. B. Meldungen, wenn Sie angeben, dass Ihnen ein Blogbeitrag gefällt.

Im Hilfebereich von Facebook finden Sie weitere Informationen z. B. zu den Bereichen *Musik*, *Filme* und *Bücher* unter *http://www.facebook.com/help/155064361311703/?ref=timeline_about*.

Abonnieren erlauben, ja oder nein?

Wenn Sie vorhaben, auch öffentliche Beiträge zu posten, können Sie anderen Nutzern auch ermöglichen, Ihre Beiträge zu abonnieren.

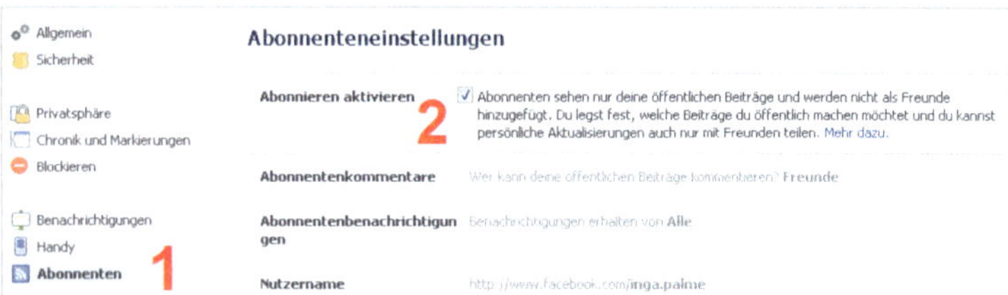

1 Gehen Sie dazu über das Zahnrad oben rechts in der Symbolleiste auf Ihre Konto- oder Privatsphäre-Einstellungen und

klicken Sie in der linken Spalte auf die Schaltfläche *Abonnenten* 1.

2 Setzen Sie den Haken bei *Abonnieren aktivieren* 2.

Von nun an können alle Nutzer Ihre öffentlichen Beiträge abonnieren. Dies bedeutet, dass denen Ihre Neuigkeiten auf deren Startseite in deren Nachrichtenstrom angezeigt werden, ohne dass Sie miteinander befreundet sind. Ob auch andere Nutzer diese Option freigeschaltet haben, sehen Sie an der Schaltfläche *Abonnieren* auf deren Profil.

Sobald Sie *Abonnieren* aktiviert haben, öffnet sich eine weitere Maske. Stellen Sie ein, wer Ihre öffentlichen Beiträge kommentieren darf, zum Beispiel nur Ihre Freunde, und ob Sie Benachrichtigungen über neue Abonnenten erhalten möchten oder nicht. Auch wird Ihnen hier noch einmal die Option angezeigt, Ihren Nutzernamen zu ändern, und Sie können Ihr Profil mit Ihrem Twitter-Konto verbinden.

Privatsphäre von Abonnenten und Abonnements

Um die Sichtbarkeit Ihrer Abonnements und Abonnenten einzustellen, gehen Sie auf die Seite mit Ihren Freunden in Ihrem Profil.

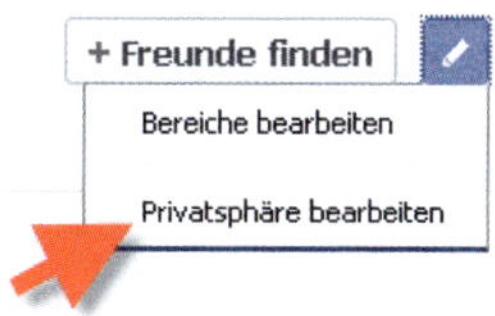

Gehen Sie dort über den Bleistift oben rechts auf *Privatsphäre bearbeiten* und wählen Sie das Publikum für Ihre Abonnements und Abonnenten.

Anmerkung zu Listen

In dieser Maske stellen Sie bei den Abonnements auch global die Sichtbarkeit zu Ihren Interessenlisten ein. Sobald Sie Interessenlisten angelegt haben, werden Ihnen diese über die Personen, die Sie abonniert haben, aufgeführt. Die Interessenlisten lassen sich individuell in ihrer Sichtbarkeit anpassen. Beachten Sie: Wenn Sie die Sichtbarkeit der von Ihnen abonnierten Nutzer und Listen global zum Beispiel auf *Freunde* eingestellt haben, können auch nur Ihre Freunde die von Ihnen abonnierten Listen sehen, selbst wenn Sie einzelne Listen individuell auf *öffentlich* setzen.

Hinweis zu Interessenlisten

Was es mit Interessenlisten auf sich hat, erfahren Sie in Kapitel 6 im Abschnitt „Auch praktisch: Interessenlisten“

Immer im Blick: das Aktivitätenprotokoll

Im Aktivitätenprotokoll finden Sie eine Übersicht über alle Aktivitäten auf Facebook. Dabei handelt es sich nicht nur um Ihre eigenen Aktivitäten, sondern auch um Beiträge von anderen, in denen Sie markiert wurden, oder Beiträge von anderen auf Ihrer Chronik.

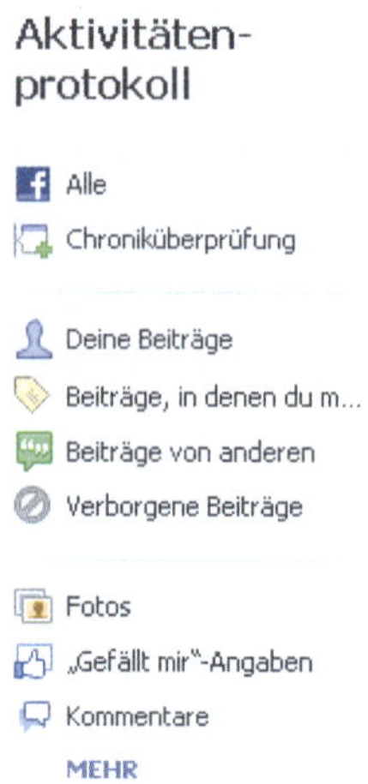

Um Ihr Protokoll aufzurufen, gehen Sie über Ihre Chronik rechts unten im Titelbild auf die Schaltfläche *Aktivitätenprotokoll*.

Einzelne Aktivitäten aufrufen und anpassen

Rufen Sie im Protokoll zum Beispiel Ihre getätigten *Gefällt mir*-Angaben, Kommentare oder Beiträge von anderen auf und ändern Sie gegebenenfalls Einstellungen und Angaben.

Gehen Sie dazu bei der betreffende Aktivität rechts auf den Bleistift. Je nach Art der Aktivität werden Ihnen unterschiedliche Optionen zur Anpassung angeboten.

Entscheiden Sie, ob die Aktivität in Ihrer Chronik vergrößert, ausgeblendet oder gelöscht werden soll.

Fügen Sie bei Bedarf einen Ort hinzu und ändern Sie das Datum (das funktioniert nur bei Ihren eigenen Beiträgen). Melden Sie Aktivitäten, wenn Sie davon ausgehen, dass es sich um Spam handelt.

Zur Kontrolle: Anzeigen aus der Sicht von ...

Haben Sie die Privatsphäre nach Ihren Bedürfnissen eingestellt? Wenn Sie sich nicht sicher sind, und Sie sich einen schnellen Überblick verschaffen wollen, hilft die Option *Anzeigen aus der Sicht von ...*

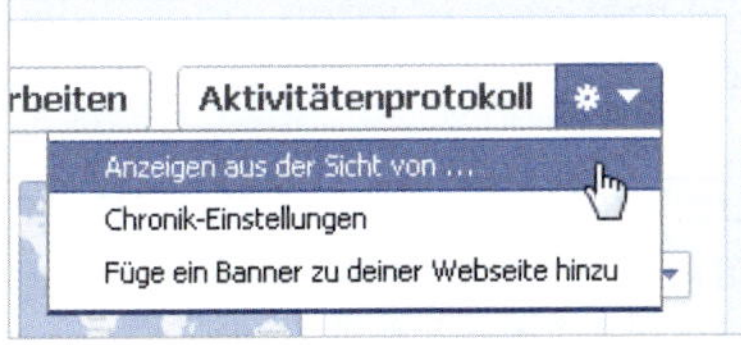

Gehen Sie über das Zahnrad unter Ihrem Titelbild auf die gleichnamige Schaltfläche. Facebook zeigt Ihnen an, welche Inhalte von Ihnen für die Öffentlichkeit zugänglich sind.

Um die Ansicht für einzelne Freunde zu überprüfen, gehen Sie auf die Schaltfläche *Aus der Sicht einer bestimmten Person an-*

zeigen und geben dort den Namen des betreffenden Freundes ein. Über das Kreuz gelangen Sie wieder zur Standardansicht.

Einstellungen mit dem Facebook Privacy Watcher prüfen

Wirklich praktisch ist auch die Anwendung Facebook Privacy Watcher, die am Center for Advanced Security Research Darmstadt (CASED) in Zusammenarbeit mit der TU Darmstadt entwickelt wurde.

Mithilfe dieser Anwendung werden Ihre Inhalte je nach Privatsphäre-Einstellung eingefärbt, wodurch Sie einen schnellen Überblick erhalten.

Die Anwendung nutzt die Farben Grün (*Öffentlich*), Orange (*Freunde*), Rot (*Nur ich*) und Blau (*Benutzerdefiniert*).

Zum Installieren dieser Anwendung gehen Sie wie folgt vor:

1. Gehen Sie auf *http://www.daniel-puscher.de/fpw/* und installieren Sie den Facebook Privacy Watcher.

2. Während der Installation wird die Sichtbarkeit Ihrer Inhalte geprüft, und Sie können im Anschluss sehen, wie sich Ihre Einstellungen auf die Sichtbarkeit auswirken.

3. Erst mit Freunden kommt Leben in den Nachrichtenstrom

So richtig interessant wird Facebook ja erst dann, wenn sich die ersten Facebook-Freundschaften ergeben haben, doch sollten sich diese sicherlich schnell einfinden. Wundern Sie sich im Übrigen nicht, dass Ihnen sicherlich auch völlig wildfremde Menschen Freundschaftsanfragen stellen werden. Umgekehrt kann es Ihnen vielleicht auch passieren, dass Ihnen interessante Menschen auf Facebook begegnen, mit denen Sie näher in Kontakt treten möchten, und eine Freundschaftsanfrage stellen.

Freunde finden, so geht das

Jeder Facebook-Nutzer kann jeweils bis zu ca. 5.000 Freunde auf Facebook haben. Dabei sind manche unter ihnen regelrechte Sammler und – leider – nicht an wirklichen Kontakten interessiert.

Solange Sie noch nicht über viele Freunde verfügen, wird Ihnen oben neben Ihrem Namen die Schaltfläche *Freunde finden* angezeigt.

Über diese Schaltfläche gelangen Sie zu einer Ansicht mit verschiedenen Optionen, um Personen zu finden, die Sie bereits kennen.

Freunde über die Option Andere Funktionen finden

Meine Empfehlung ist es, die Suche nach Freunden über die eigenen Adressbücher nicht vorzunehmen. Denn wie bereits beschrieben, erhalten Personen, die noch nicht auf Facebook sind, mehrfach eine Einladung zu Facebook. Und dies auch noch in Ihrem Namen. Das dürfte nicht bei allen Personen, die Sie kennen, auf Gegenliebe stoßen.

Übergehen Sie also diese Funktion und gehen Sie weiter unten zum Bereich *Andere Funktionen.*

Rufen Sie hier die Schaltfläche *Finde Freunde, Klassenkameraden und Arbeitskollegen*.

In dieser Ansicht werden Ihnen nur Personen angezeigt, die bereits bei Facebook registriert sind. Sie laufen also nicht Gefahr, Freunde, Bekannte und vielleicht sogar geschäftliche Kontakte zu verärgern, weil Sie Ihr Adressbuch mit Facebook abgeglichen haben.

Suchen Sie Personen, die Sie kennen, über die Heimatstadt, den derzeitigen Wohnort, die Schule, die Universität oder den Arbeitgeber.

Weiterhin schlägt Facebook Ihnen Personen vor, die Sie vielleicht kennen könnten. Die Vorschläge richten sich dabei nach den von Ihnen gemachten Angaben, also nach dem Ort, in dem Sie wohnen, Ihrer Schule und dergleichen.

Ebenso ist es möglich, über

die Suchmaske von Facebook nach Personen zu suchen, die Sie kennen. Dazu tragen Sie den betreffenden Namen ein. Sobald Facebook den Namen erkennt, wird er in der Vorschau angezeigt.

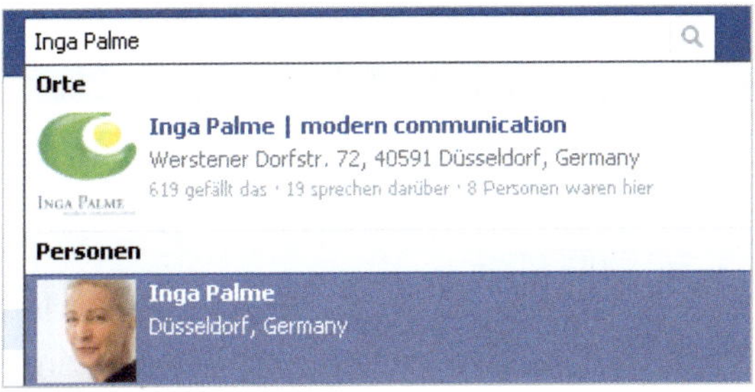

Sollte in der Vorschau kein passendes Ergebnis aufgeführt sein, gehen Sie unten in der Vorschau auf die Schaltfläche *Weitere Ergebnisse für … anzeigen*.

Gehen Sie links im Suchfilter auf *Personen* und nutzen Sie bei Bedarf die weiteren Suchoptionen *Ort, Ausbildung* und *Arbeitsplatz*.

Freundschaftsanfragen stellen und bekommen

Haben Sie eine Person gefunden, der Sie eine Freundschaftsanfrage stellen

möchten, gehen Sie auf die Schaltfläche *FreundIn hinzufügen*.

Beachten Sie hierbei, dass in dem Moment, in dem Sie die Schaltfläche betätigen, Ihre Freundschaftsanfrage verschickt und die betreffende Person informiert wird.

Sobald Sie Ihre Freundschaftsanfrage verschickt haben, verwandelt sich die Schaltfläche in *Freundschaftsanfrage versendet.*

Facebook bietet Ihnen nun die folgenden Optionen:

1 Stellen Sie ein, ob Sie über Aktivitäten dieser Person benachrichtigt werden möchten.
2 Regeln Sie über die Einstellungen, wie viele Aktivitäten Sie in Ihrem Nachrichtenstrom sehen möchten und welche Art von Aktivitäten Sie sehen möchten.
3 Fügen Sie die Person einer oder mehreren Listen hinzu. (Über die Zuordnung von Freunden in Listen wird in diesem Kapitel noch näher eingegangen.)
4 Legen Sie gegebenenfalls eine weitere Liste an, falls Sie noch keine passende Liste für diese Person haben.
5 Brechen Sie bei Bedarf Ihre Anfrage auch wieder ab.

Einschränkung für Freundschaftsanfragen

Personen, bei denen die Schaltfläche *FreundIn hinzufügen* nicht angezeigt wird, haben den Kreis für Freundschaftsanfragen auf Freunde von Freunden eingeschränkt. Sollten Sie also nicht zu den Freunden der Freunde von diesen Personen gehören, so können Sie auch keine Freundschaftsanfrage stellen.

Ist Ihre Freundschaftsanfrage bestätigt worden, so erhalten Sie darüber eine Meldung über die Weltkugel. Von nun an werden Ihnen die Aktivitäten Ihres neuen Freundes im Nachrichtenstrom auf Ihrer Startseite angezeigt.

Wenn Sie Freundschaftsanfragen bekommen, so erhalten Sie darüber auch eine Meldung. Diese geht im Bereich *Freundschafts-*

anfragen ein. Rufen Sie den Bereich auf, um Ihre Anfragen zu bestätigen, oder klicken Sie auf die Schalfläche *Nicht jetzt*.

1 **Freunde finden**: Über den Bereich *Freundschaftsanfragen* gelangen Sie auch zur Übersicht der verschiedenen Optionen, um Freunde zu finden.

2 **Einstellungen**: An dieser Stelle können Sie bestimmen, ob alle Facebook-Nutzer oder nur die Freunde von Ihren Freunden Ihnen Freundschaftsanfragen stellen können.

Anzahl von Freundschaftsanfragen

Achten Sie darauf, dass Sie nicht zu viele Freundschaftsanfragen stellen. Sollte dies geschehen sein, so werden Sie für einige Tage für weitere Anfragen von Facebook gesperrt.

Was passiert, wenn ich eine Freundschaftsanfrage ablehne?

Facebook unterscheidet bei der Ablehnung von Freundschaftsanfragen zwischen zwei verschiedenen Stufen.

- **Freundschaftsanfragen nicht jetzt beantworten**: Wenn Sie diese Option nutzen, wird Ihnen dieser Vorschlag nicht mehr bei den Freundschaftsanfragen direkt angezeigt. Sie finden diese verborgenen Freundschaftsanfragen über die Schaltfläche *Freunde finden* (siehe Abbildung oben 1) und dort unter *verborgene Freundschaftsanfragen anzeigen*.
- **Freundschaftsanfragen löschen**: Wenn Sie alle Freundschaftsanfragen aufrufen, können Sie Anfragen von Personen, mit denen Sie nicht befreundet sein möchten, löschen.

In beiden Fällen erhalten Nutzer keine Nachricht darüber, wenn Sie eine Freundschaftsanfrage verbergen, indem Sie sie auf *nicht jetzt* setzen oder löschen.

Anzeige bei gelöschter Freundschaftsanfrage

Wenn Sie eine Freundschaftsanfrage löschen, erscheint bei der betreffenden Person wieder die Option *FreundIn hinzufügen*. Bei Personen, deren Freundschaftsanfrage Sie verborgen haben, wird weiterhin die Schaltfläche *Freundschaftsanfrage beantworten* angezeigt.

Ungeliebte Zeitgenossen blockieren

In seltenen Fällen kommt es auch schon mal vor, dass Sie eine andere Person komplett ausschließen und blockieren möchten.

Eine Möglichkeit ist es, oben über das Schlosssymbol die Privatsphäre-Verknüpfungen aufzurufen und dort unter *Wie verhindere ich, dass mich jemand belästigt*, den Namen oder die E-Mail-Adresse der Person einzutragen, die Sie blockieren möchten.

Alternativ rufen Sie die Chronik der Person auf, die Sie blockieren möchten, und gehen auf das Zahnrad unter dem Profilbild. Gehen Sie dort auf die Schaltfläche *Melden/Blockieren*.

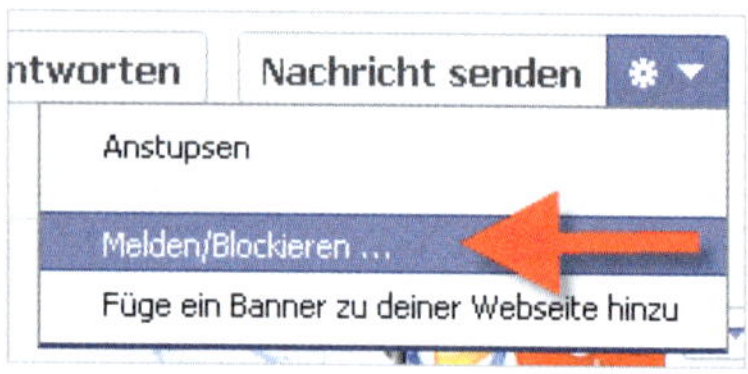

Über diesen Weg werden Ihnen auch noch weitere Optionen angeboten. Zum Beispiel das Melden von Inhalten oder des gesamten Profils.

Anzeige von Inhalten in Gruppen und Anwendungen

Beachten Sie, dass Ihre Beiträge in Anwendungen und Gruppen weiterhin auch Personen angezeigt werden, die Sie blockiert haben.

Verwalten von Blockierungen

Um die von Ihnen blockierten Nutzer zu verwalten, rufen Sie die Seite *Blockierungen* in Ihren Privatsphäre-Einstellungen auf: *http://www.facebook.com/settings?tab=blocking*. Hier verwalten Sie zentral alle Blockierungen.

- **Eingeschränkte Liste**: Prüfen Sie, welchen Ihrer Freunde Sie von der eingeschränkten Liste entfernen.
- **Nutzer blockieren**: Blockieren Sie Nutzer, von denen Sie sich belästigt fühlen.
- **Anwendungsanfragen blockieren**: Blockieren Sie die Freunde, von denen Sie keine Einladungen mehr zu Spielen und Anwendungen bekommen möchten.
- **Veranstaltungseinladungen blockieren**: Blockieren Sie die Freunde, von denen Sie nicht mehr zu Veranstaltungen eingeladen werden möchten.
- **Anwendungen blockieren**: Geben Sie den Namen der Anwendung ein, die Sie blockieren möchten.

Sämtliche Blockierungen lassen sich jederzeit wieder aufheben.

Plattform für Anwendungen deaktivieren

Wenn Sie keine Spiele und Anwendungen nutzen möchten, rufen Sie über die Privatsphäre-Einstellungen die Seite *Anwendungen* auf. Im Abschnitt *Anwendungen, die du verwendest* können Sie die gesamte Plattform für Anwendungen deaktivieren. Sie erhalten dann auch keine Einladungen mehr zu Anwendungen und Spielen.

Was sind eigentlich Freundschaftsseiten?

An sich sind Freundschaftsseiten keine wirklichen Seiten, sondern zeigen Ihre gemeinsamen Aktivitäten auf Facebook auf.

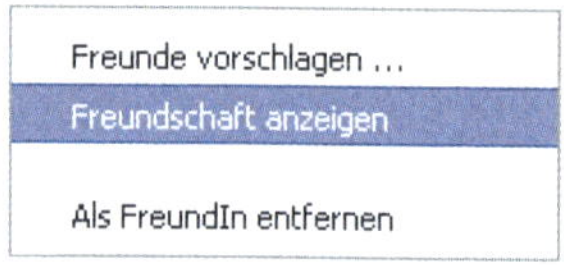

Zum Anzeigen von Freundschaftsseiten rufen Sie einen Freund Ihrer Wahl auf und gehen dort auf die Schaltfläche *Freunde*. Wählen Sie dort *Freundschaft anzeigen*. Facebook zeigt Ihnen nun die gemeinsamen Aktivitäten ähnlich einer Chronik von herkömmlichen Profilen.

Besonderheiten von Freundschaftsseiten

Als Profilbild wird ein Ausschnitt von beiden Freunden angezeigt.

- Facebook wählt aus Fotos mit Markierungen eins für das Titelbild.
- Unter dem Titelbild gibt es die Schaltfläche *Freundschaft teilen*. Sie haben also die Möglichkeit, Freundschaftsseiten mit einem bestimmten Freund mit einem Publikum nach Wahl (z. B. öffentlich, Freunde, bestimmte Personen) zu teilen.
- Über die Schaltfläche *Mehr* unter dem Titelbild einer Freundschaftsseite können Sie die verschiedensten Freundschaften durchstöbern.

Freunde in Listen zuordnen und so den Überblick behalten

Grundsätzlich unterscheidet Facebook zwischen Freundes- und Interessenlisten. In diesem Abschnitt werden die Freundeslisten beschrieben.

Facebook bietet Nutzern Listen an, um Inhalte von Freunden je nach Freundschaftsgrad besser verwalten zu können.

- **Enge Freunde**: Freunde in dieser Liste sind mit einem Stern gekennzeichnet, und Sie erhalten eine Benachrichtigung von diesen Freunden, sobald sie auf Facebook aktiv sind.
- **Bekannte**: Von Freunden, die Sie in diese Liste hinzufügen, werden Ihnen nur einige ihrer Aktivitäten angezeigt.
- **Eingeschränkt**: Freunde in dieser Liste sehen nur Ihre öffentlichen Aktivitäten.

Weiterhin verfügt Facebook über sogenannte intelligente Listen. Diese basieren auf den Profilinformationen Ihrer Freunde. Hier handelt es sich um die Listen *Arbeitskollegen*, *Schulfreunde*, *Lokale Freunde* und *Familie*.

Auch können Sie eigene Listen anlegen. Rufen Sie dazu die Übersicht Ihrer Freundeslisten auf (*https://www.facebook.com/*

bookmarks/lists) und klicken Sie dort auf die Schaltfläche *+ Liste erstellen*.

Wer sieht meine Freundeslisten?

Egal in welche Liste Sie Ihre Freunde hinzufügen: Bis auf die Liste *Familie* können nur Sie die Freunde in Ihren Listen sehen. So weiß zum Beispiel keiner Ihrer Freunde, ob er sich in Ihrer Liste *Eingeschränkt* befindet, und demnach nur Ihre öffentlichen Inhalte zu sehen bekommt, auch wenn Sie einen Beitrag mit Ihren Freunden teilen.

Besonderheiten für Familienmitglieder

Personen, die zu Ihrer Familie gehören, werden auf Facebook in einer gesonderten Liste aufgeführt. Auch gibt es für die Familie ein eigenes Feld auf der Infoseite Ihres Profils.

Wenn Sie Freunde als Familienmitglied angeben, müssen diese jeweils zustimmen. Sofern geschehen, erhalten Sie darüber eine Meldung in Ihrer Weltkugel. Passen Sie nun noch die Sichtbarkeit Ihrer Familienmitglieder in Ihrem Profil an.

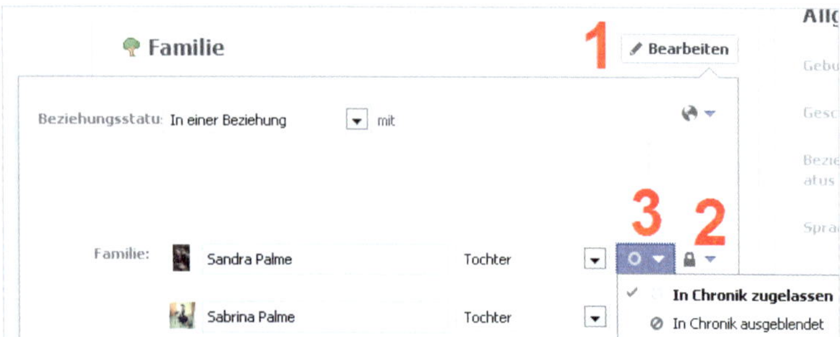

1 Gehen Sie in Ihren Profilinformationen auf den Bereich *Familie* und klicken Sie dort auf *Bearbeiten* 1.

2 Geben Sie an, wer Ihre Familienmitglieder sehen darf 2.

3 Wählen Sie bei jedem Familienmitglied 3, ob es in Ihren Profilinformationen angezeigt werden soll oder nicht.

Das Verwalten der einzelnen Listenarten

Die einzelnen Listenarten beinhalten teils unterschiedliche Funktionen. Diese sind im Einzelnen:

- Von Ihnen selbst angelegte Listen können Sie löschen.
- Die sogenannten intelligenten Listen von Facebook können Sie nicht löschen, sondern nur archivieren. Archivieren bedeutet, dass Sie keine Inhalte mit diesem Personenkreis teilen können, solange die Liste archiviert ist.
- Archiviert werden können die Listen *Familie, Arbeitskollegen, Schulfreunde* und *Lokale Freunde*.
- Die Listen *enge Freunde, Bekannte* und *Eingeschränkt* sowie selbst angelegte Listen können nicht archiviert werden.
- Ein und derselbe Freund kann sich entweder in der Liste *enge Freunde* oder *Bekannte* befinden.
- Ein und derselbe Freund kann sich sowohl in der Liste *Enge Freunde* als auch *Eingeschränkt* befinden.
- Nur in der Liste *Enge Freunde* können Sie einstellen, ob Sie über Neuigkeiten Ihrer Freunde in dieser Liste auf Facebook, auf Facebook und per E-Mail oder gar nicht benachrichtigt werden möchten.
- In der Liste *Lokale Freunde* können Sie einen Umkreis wählen und in der Liste *Schule* eine Altersspanne.
- In allen Listen können Sie die Anzeige der Meldungsarten einstellen und Freunde bearbeiten, hinzufügen oder entfernen.

Beiträge von Freunden im Nachrichtenstrom: Was will ich von wem sehen?

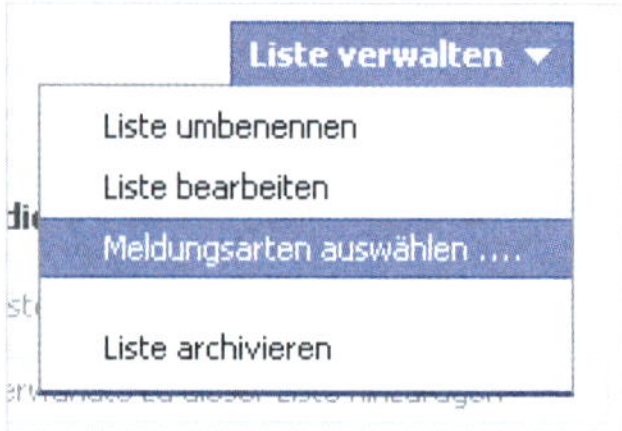

In den beschriebenen Listen stellen Sie über die Schaltfläche *Meldungsarten auswählen* global ein, welche Aktivitäten Sie von Ihren Freunden sehen möchten. Sobald Sie einen Freund in eine dieser Listen aufnehmen, übernimmt Facebook die von Ihnen in der Liste vorgenommenen Einstellungen.

Benachrichtigungen einstellen

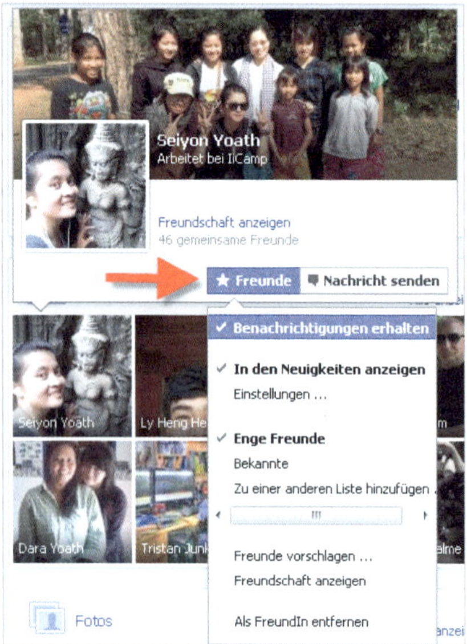

Zusätzlich können Sie noch für jeden Freund auswählen, ob Sie benachrichtigt werden möchten und wie viele und welche Meldungsarten Ihnen in Ihrem Nachrichtenstrom angezeigt werden sollen. Sie können Ihre Einstellungen dazu direkt in Ihren Neuigkeiten anpassen oder auf der Chronik des betreffenden Freundes oder in der Anzeige Ihres Freundes auf der Chronik eines anderen Freundes.

Das bedeutet, dass überall, wo Ihnen das Profilbild Ihres Freundes auf Facebook begegnet, Sie die Zuordnung zu Listen und Meldungsarten einstellen können. Dazu fahren Sie mit der Maus über das Profilbild und gehen auf die Schaltfläche *Freunde*.

4. Immer informiert: Nachrichten, Chat und Ticker

Facebook verfügt über ein eigenes Nachrichtensystem, das einem herkömmlichen E-Mail-Programm zum Teil schon recht nahe kommt. So können Sie zum Beispiel auch Nachrichten von Ihrem regulären E-Mail-Postfach direkt eine Facebook-Mailadresse senden.

Aufbau der Nachrichtenfunktion auf Facebook

Ähnlich einem Hauptpostfach und Spamordner unterscheidet Facebook zwischen *Postfach* und *Sonstiges*. Im Ordner *Sonstiges* landen dabei nicht nur Spamnachrichten, sondern auch Nachrichten, die interessante Inhalte haben können – z. B. von Nutzern, mit denen Sie nicht befreundet sind.

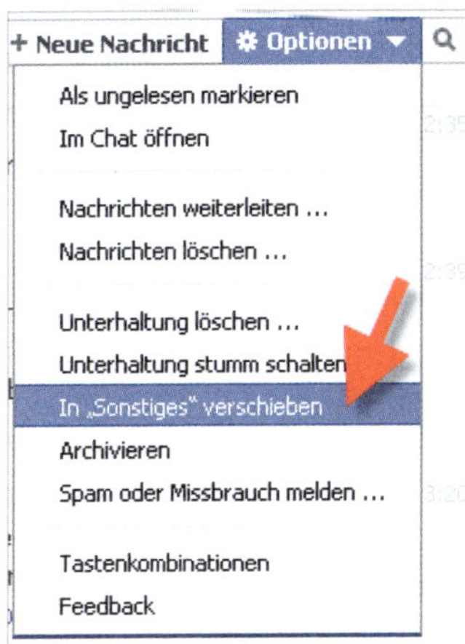

- Es lassen sich Nachrichten vom Ordner *Postfach* in *Sonstiges* verschieben und umgekehrt.
- Wenn Sie eine Nachricht als Spam deklarieren wollen, so benutzen Sie die Option *Spam oder Missbrauch melden*.
- Sie können auch Nachrichten weiterleiten, löschen, Unterhaltungen stumm schalten und archivieren und Ihre Unterhaltungen im Chatfenster öffnen.

Hinweis zum Löschen von Nachrichten

Wenn Sie Nachrichten oder Unterhaltungen löschen, so passiert das nur auf Ihrer eigenen Seite. Ihr Gesprächspartner kann die komplette Unterhaltung weiterhin sehen.

Weitere Funktionen bei den Facebook-Nachrichten

Anders als bei E-Mail-Postfächern zeigt Facebook Ihnen Ihre Unterhaltung mit einem bestimmten Freund oder Nutzer immer vollständig an. Und zwar egal, wie oft Sie eine neue Unterhaltung mit dieser Person beginnen.

1 Sie sehen mit Datumsangabe, wenn sich der Empfänger Ihre Nachricht angeschaut hat.

2 Fügen Sie bei Bedarf Dateien und Fotos Ihren Nachrichten hinzu.

3 Stellen Sie ein, ob Sie über die Enter-Taste Ihre Nachricht verschicken wollen oder lieber die *Antworten*-Schaltfläche nutzen.

4 Wenn Sie gern Smileys (Emoticons) verwenden, stellt Facebook Ihnen dazu eine Vorabauswahl zur Verfügung.

Um eine Nachricht als ungelesen zu markieren, stellen Sie dies oben über Optionen in der Unterhaltung ein.

Alternativ rufen Sie die Vorschau Ihrer Unterhaltungen in Ihrem Postfach auf und markieren die entsprechende Nachricht.

Wer kann mir Nachrichten auf Facebook schicken?

Grundsätzlich gilt erst einmal, dass Ihnen jeder Nutzer auf Facebook eine Nachricht schicken kann.

Filteroption für Nachrichten

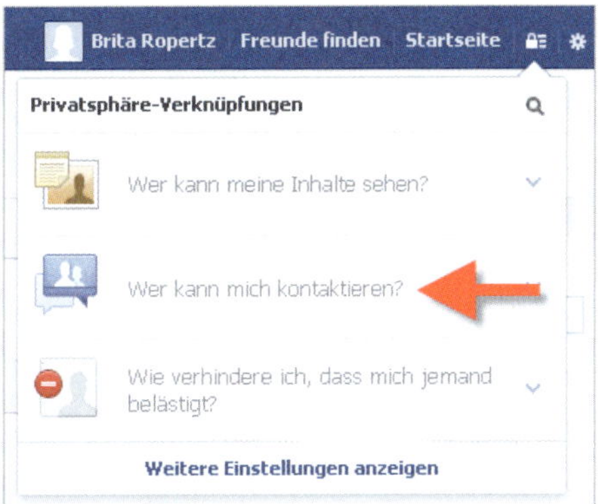

Über die Privatsphäre-Verknüpfung stellen Sie im Bereich *Wer kann mich kontaktieren?* den Filter dahingehend ein, ob Sie alle Nachrichten von Freunden in Ihren Postfach erhalten möchten oder nur einige.

Empfohlen wird dabei das grundlegende Filtern, weil Sie in diesem Fall sicher gehen können, dass alle Nachrichten von Ihren Freunden im Hauptordner, also im Postfach und nicht unter *Sonstiges* landen.

Unterschiede und Gemeinsamkeiten von Nachrichten und Chat

Wie bereits erwähnt, können Sie innerhalb einer Unterhaltung zwischen der Anzeige in den Nachrichten und dem Chatfenster wechseln.

Es gibt noch weitere Besonderheiten. Diese sind im Einzelnen:

- Wenn Sie sich mit nur einer Person unterhalten, können Sie in der Chatansicht weitere Personen hinzufügen. In der Nachrichten-Ansicht ist das nicht möglich.
- Wenn Sie eine Unterhaltung mit mehreren Personen führen, können Sie sowohl in der Nachrichten- als auch in der Chatansicht weitere Personen hinzufügen.
- Eine Unterhaltung mit mehreren Personen können Sie sowohl in der Nachrichten- als auch in der Chatansicht verlassen.
- In der Nachrichten-Ansicht bietet Facebook Ihnen die Option, eine Gruppe mit allen Teilnehmern der Unterhaltung zu gründen. (In Kapitel 7 werden Facebook-Gruppen ausführlich beschrieben.)
- Die Chatansicht bietet Ihnen auch einen Videoanruf.

Verschiedene Einstellungen im Chat

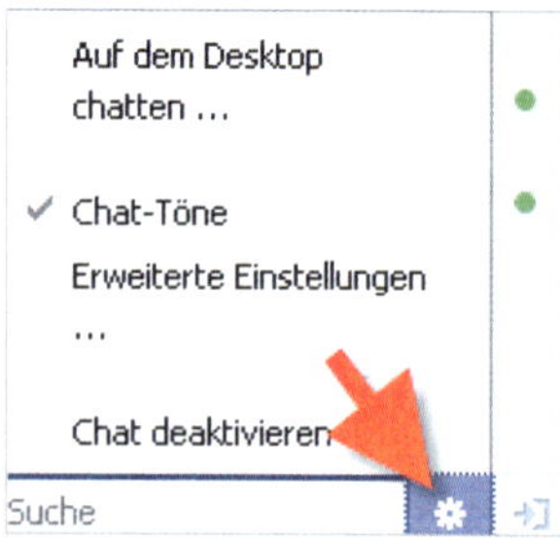

Über das Zahnrad gelangen Sie in der Chatleiste (am rechten Bildschirmrand) zu den Einstellungsoptionen für Ihren Chat.

- Installieren Sie bei Bedarf den Messenger für Windows, wenn Sie mit Ihren Freunden auch dann chatten möchten, wenn Sie gerade nicht auf Facebook angemeldet sind.
- Schalten Sie Chattöne an oder ab.
- Geben Sie über die erweiterten Einstellungen an, wem Sie in der Chatleiste als anwesend angezeigt werden möchten (grüner Punkt) oder deaktivieren Sie den Chat komplett.

Benachrichtigungen einstellen

Über die Weltkugel gelangen Sie zu den Einstellungen für Ihre Benachrichtigungen (*http://www.facebook.com/settings?tab=notifications*). Diese Seite ist in zwei Hauptbereiche aufgeteilt.

- **So erhältst du Benachrichtigungen**: In diesem Abschnitt regeln Sie, über welche Aktivitäten Sie auch per E-Mail benachrichtigt werden möchten Zum Beispiel Freundschaftsanfragen, Kommentare zu Ihren Beiträgen und verschiedene andere mehr.
- **Worüber du Benachrichtigungen erhältst**: In diesem Abschnitt werden Ihnen alle Arten, zu denen Sie Benachrichtigungen bekommen können, aufgezeigt, zum Beispiel Markierungen, Abonnenten, Gruppenaktivitäten und mehr. Nehmen Sie die für Sie passenden Einstellungen vor.

Hinweis zu Benachrichtigungen auf Facebook

Sobald Sie einen Beitrag kommentiert haben, erhalten Sie automatisch über die Weltkugel eine Nachricht. Zum Abstellen für den Erhalt von weiteren Benachrichtigungen zu einem Beitrag gehen Sie mit der Maus über den betreffenden Beitrag und klicken auf den kleinen Pfeil und gehen dort auf *Beitrag nicht mehr folgen*. Benachrichtigungen zu Ihren eigenen Beiträgen können Sie nicht deaktivieren.

Was ist der Ticker und welche Inhalte landen dort?

Der Ticker befindet sich am rechten Bildschirmrand über Ihrer Chatleiste und zeigt aktuelle Aktivitäten Ihrer Freunde, wie zum Beispiel deren neue Freundschaften mit anderen Nutzern, Hinweise zu *Gefällt mir*-Angaben und Kommentare. Auch kommt es vor, dass Statusmeldungen von Seiten, die Ihnen gefallen, dort angezeigt werden.

Sichtbarkeit des Tickers verändern

Wer die Inhalte des Tickers nicht angezeigt bekommen möchte, weil diese als störend empfunden werden, hat zwei Optionen, den Ticker zu verbergen.

- **Größe der Tickeransicht verschieben**: Fahren Sie mit Ihrer Maus über den Balken, der den Ticker vom Chatfenster trennt. Der Cursor verändert sich an dieser Stelle in einen Pfeil, der nach oben und unten zeigt. Schieben Sie mit gedrückter linker Maustaste die Leiste nach oben in die gewünschte Position. Hinweis: Diese Option gibt es im neuen Design der Startseite nicht mehr.

- **Tickeransicht über die Chatleiste verbergen**: Gehen Sie unter der Chatleiste auf das Symbol für die Funktion *Chatleiste verbergen*. Sobald geklickt, verschwindet der Ticker und die Chatleiste wird nur noch mit Vorschaubildern in der linken Spalte angezeigt.

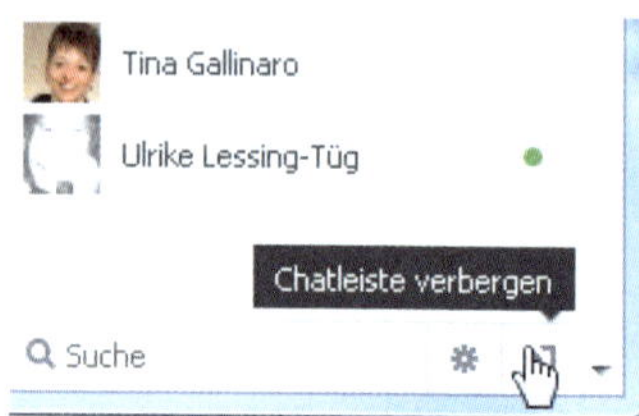

5. Und los geht's: erste eigene Beiträge verfasssen, teilen und kommentieren

In diesem Kapitel erfahren Sie alles Wissenswerte rund um das Verfassen von Beiträgen auf Facebook.

Die verschiedenen Beitragsarten

Um einen Beitrag zu verfassen, bietet Facebook Ihnen dazu verschiedene Beitragsarten an.

1 **Status**: Über diese Option verfassen Sie eine Textmeldung. Auch lassen sich Links aus dem Netz teilen.

2 **Foto**: Laden Sie ein Foto oder Video hoch oder erstellen Sie ein Album.

3 **Ort**: Geben Sie an, an welchem Ort Sie sich befinden, und teilen Sie mit, was Sie dort gerade tun.

4 **Lebensereignis**: Teilen Sie Ihrem Publikum besondere Ereignisse in Ihrem Leben mit.

Sichtbarkeit von Beiträgen nachträglich einstellen

Egal, was Sie auf Facebook veröffentlichen: Sie können Ihre Beiträge im Hinblick auf Sichtbarkeit jederzeit ändern. Mit zwei Ausnahmen: Wenn Sie einen Beitrag auf der Chronik eines Freundes posten, so richtet sich die Sichtbarkeit nach den Privatsphäre-Einstellungen Ihres Freundes. Wenn Sie etwas auf eine Facebook-Seite posten oder kommentieren, so ist dies immer öffentlich.

Der Aufbau der Beitragsmaske auf Ihrer Startseite

Einen Beitrag verfassen Sie über Ihre Startseite oder Ihre Chronik, wobei Ihnen über Ihre Chronik noch zusätzliche Optionen für Ihre Beiträge geboten werden. So sieht die Beitragsmaske auf Ihrer Startseite aus:

1 Wählen Sie, ob Sie eine Statusmeldung abgeben oder Fotos bzw. Videos hochladen möchten.
2 Geben Sie im Textfeld Ihren Text ein.
3 Geben Sie bei Bedarf die Namen der Facebook-Freunde ein, mit denen Sie gerade etwas zusammen unternehmen.
4 Fügen Sie bei Bedarf einen Ort hinzu.
5 Fügen Sie ein oder mehrere Fotos zu Ihrem Beitrag hinzu.
6 Wählen Sie das Publikum für Ihren Beitrag.
7 Teilen Sie Ihren Beitrag mit dem von Ihnen gewählten Publikum. Facebook merkt sich die jeweils letzte Einstellung.

So sieht dann zum Beispiel ein Textbeitrag mit Ortsangabe und Personen, mit denen Sie sich dort befunden haben, aus. Und falls die Ortsangabe nicht stimmen sollte, so lässt sich diese im Nachhinein noch korrigieren.

Der Aufbau der Beitragsmaske auf Ihrer Chronik

Auf Ihrer Chronik sieht die Beitragsmaske etwas anders aus.

1 Wählen Sie zwischen den Beitragsarten *Status*, *Foto*, *Ort* und *Lebensereignis*.

2 Geben Sie im Textfeld Ihren Text ein.

3 Geben Sie bei Bedarf die Namen der Facebook-Freunde ein, mit denen Sie gerade etwas zusammen unternehmen.

4 Datieren Sie Ihren Beitrag zurück, wenn es sich um ein Ereignis aus der Vergangenheit handelt.

5 Fügen Sie bei Bedarf einen Ort hinzu, an dem Sie sich gerade aufhalten.

6 Wählen Sie das Publikum für Ihren Beitrag

7 Teilen Sie Ihren Beitrag mit dem von Ihnen gewählten Publikum

Geschafft! Ihr erster Beitrag ist nun online.

Beitrag hervorheben

Sie werden unter Ihrem Beitrag den Link *Hervorheben* entdecken. Darüber bietet Facebook Ihnen an, einen für Sie wichtigen Beitrag gegen Gebühr zu bewerben.

Ein Fotobeitrag mit Bildern, Ortsangabe und Personen, mit denen Sie sich dort befunden haben, sieht dann zum Beispiel so aus wie dieser hier.

Freunde in Beiträgen erwähnen

Sobald Sie den Namen eines Ihrer Facebook-Freunde in Ihrem Beitrag eingeben, wird er Ihnen unter dem Beitragsfeld in der Vorschau angezeigt.

Klicken Sie darauf, so wird der vollständige Name markiert im Texteingabefeld angezeigt.

Manchmal verhält es sich aber so, dass Sie nicht den vollständigen Namen im Text angeben möchten. In diesen Fällen gehen Sie mit dem Cursor zwischen Vor- und Nachname und klicken auf die Entf-Taste. Es bleibt dann nur noch der Vorname stehen.

Sobald Sie Ihren Beitrag gepostet haben, erhalten alle Freunde, die Sie in diesem Beitrag markiert haben, eine Benachrichtigung darüber.

Im Text erscheinen die markierten Namen dann als Link. Sobald Nutzer mit der Maus über den Namen fahren, zeigt Facebook eine Vorschau mit Angaben zum Profil Ihres markierten Facebook-Freundes.

Kleiner Exkurs: Markierung im Text entfernen

Jeder Nutzer hat grundsätzlich die Möglichkeit, Markierung wieder zu entfernen. Dazu mit der Maus über den Beitrag fahren.

1 Gehen Sie auf den kleinen Pfeil 1, der rechts im Beitrag erscheint.

2 Klicken Sie auf die Schaltfläche *Markierung melden/entfernen* 2.

Es öffnet sich eine Maske mit drei verschiedenen Optionen:

- **Markierung entfernen, die Nutzername erstellt hat**: Hiermit wird die Markierung entfernt. Der Beitrag an sich bleibt aber bestehen. Auch wird der Name weiterhin im Text angezeigt.
- **Nutzer um die Entfernung des Beitrages bitten**: Damit wird an den Ersteller des Beitrags eine Nachricht versandt, mit der Bitte, dass der Beitrag entfernt werden soll.
- **Nutzer blockieren**: Dadurch können weder Beiträge der betreffenden Person gesehen noch kann diese Person in neuen Beiträgen markiert werden.

Lebensereignisse auf den Punkt gebracht

Für besondere Lebensereignisse hat Facebook unterschiedliche Ereignisse verschiedene Eingabemasken in einzelnen Kategorien vorbereitet. Darunter finden sich auch nicht ganz so alltägliche Ereignisse wie zum Beispiel neue Essgewohnheiten, neue Brille und Knochenbruch. Auch können Sie Ihren Organspendestatus teilen. Mehr dazu im Hilfebereich unter *http://www.facebook.com/help/416967021677693*.

Wie werden Lebensereignisse angezeigt?

Lebensereignisse werden in der Chronik hervorgehoben dargestellt, und zwar über eine blaue Markierung. Wenn Sie im Profil Ihren Arbeitgeber eingetragen haben, zeigt Facebook dies automatisch als Lebensereignis in Ihrer Chronik an. Sofern Sie auch den Ort Ihres Arbeitgebers angegeben haben, erscheint dies als Lebensereignis auch in Ihrer Karte.

Facebook-Orte als Arbeitgeber

Wenn Ihr Arbeitgeber eine als Ort angelegte Facebook-Seite betreibt, so erscheint Ihr Arbeitgeber als Lebensereignis auch dann in Ihrer Karte, wenn Sie nicht den Ort Ihres Arbeitgebers in Ihrem Infobereich eingetragen haben.

Links aus dem Netz teilen

Wenn Sie Links aus dem Netz mit Ihren Freunden teilen, zeigt Facebook Ihnen in der Vorschau die Angaben, die von diesem Link übernommen werden. Kopieren Sie dazu zunächst die betreffende URL in das Eingabefeld. Sobald Facebook den Link erkannt hat, können Sie die URL wieder aus dem Eingabefeld entfernen. Die Vorschau des Links bleibt trotzdem sichtbar.

1 Geben Sie Ihren Text ein 1.

2 Wenn Sie mit der Maus über die Überschrift fahren 2, wird diese markiert angezeigt. Klicken Sie die Überschrift an und andern Sie bei Bedarf den Text.

3 Die gleiche Option wird Ihnen für den Anreißtext des Links angeboten 3.

4 Wählen Sie das passende Vorschaubild 4 oder geben Sie an, dass keins angezeigt werden soll.

5 Wenn Sie gar keine Vorschau aus dem Link anzeigen möchten, klicken Sie auf das kleine *x* 5. In diesem Fall müssen Sie die URL allerdings im Textfeld stehenlassen.

Die URL eines Beitrags

Um die URL eines Beitrags in Erfahrung zu bringen, klicken Sie auf das Datum.

Wer sieht meine Kommentare, wenn ich bei Freunden und auf Seiten kommentiere?

Kommentieren Sie einen Beitrag von Ihren Freunden, so richtet sich die Sichtbarkeit nach dem ursprünglichen Publikum.

- Wenn Sie einen Beitrag kommentieren, den Ihr Facebook-Freund ursprünglich mit seinen Freunden geteilt hat, so sieht auch nur das ursprünglich gewählte Publikum Ihren Kommentar.
- Bei einem öffentlichen Beitrag können demnach alle Nutzer Ihren Kommentar sehen.
- Das gleiche gilt auch, wenn Sie Beiträge von Ihren Freunden teilen: Die Sichtbarkeit richtet sich immer nach dem ursprünglichen Publikum.

Tipp: Per E-Mail auf Kommentare antworten

Wenn Sie sich per E-Mail über neue Kommentare benachrichtigen lassen, können Sie direkt aus Ihrem E-Mail Programm Ihren Kommentar eingeben. Ihr Kommentar erscheint dann direkt unter dem Kommentar, auf den Sie antworten.

Weitere Infos zu Kommentaren finden Sie in der Facebook-Hilfe unter *http://www.facebook.com/help/499181503442334*.

Die Sichtbarkeit von Aktivitäten in Verbindung mit Seiten sieht etwas anders aus.

- Wenn Sie einen Beitrag auf einer Facebook-Seite hinterlassen oder kommentieren, ist dieser immer öffentlich.
- Wenn es eine Eingrenzung gibt, dann ist es die globale Einstellung der Seite im Hinblick auf Sprache und/oder Land bzw. Alter.
- Wenn Sie einen Beitrag von einer Seite mit Ihren Freunden teilen, sehen zwar nur Ihre Freunde diesen von Ihnen geteilten Beitrag. Der Originalbeitrag ist weiterhin für alle sichtbar.
- Wenn Sie einen Beitrag mit Ihren Freunden teilen und darin eine Seite markieren, deren Administratoren nicht mit Ihnen befreundet sind, erhält die Seite keine Mitteilung darüber, weil sie nicht zum ausgewählten Publikum gehört.

Hierzu gibt es auch weitere Informationen in der Hilfe *Wer kann was auf einer Facebook-Seite sehen* unter *http://www.facebook.com/help/241358369283005*.

Was passiert, wenn ich einen Beitrag von meinen Freunden teile?

Bis auf einige Ausnahmen finden Sie bei Beiträgen – z. B. Textbeiträge in geheimen Gruppen – von anderen die Schaltfläche *Teilen* unter jedem Beitrag. Wenn Sie also einen Beitrag von einem Freund teilen möchten, bietet Facebook Ihnen dazu verschiedene Optionen.

In allen Fällen können Sie noch einen eigenen Text hinzufügen.

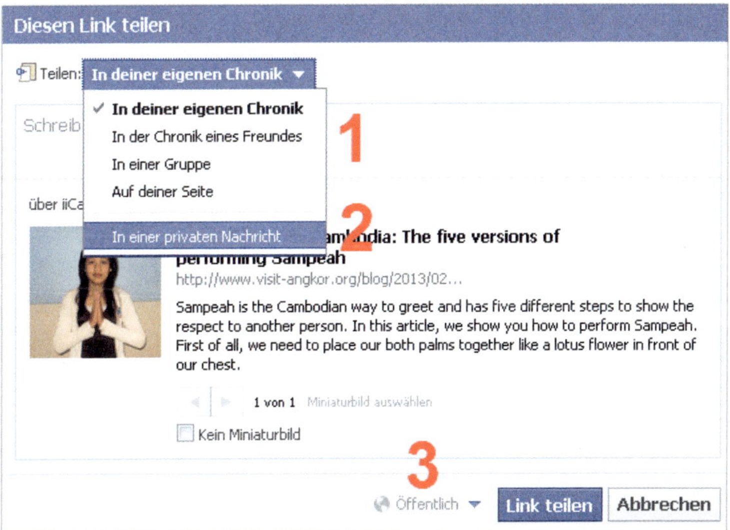

1 Mit der eigenen Chronik, auf der Chronik eines bestimmten Freundes, in einer Gruppe, in der Sie Mitglied sind, oder auf einer Seite, die Sie administrieren.

2 An bestimmte Personen über eine persönliche Nachricht.

3 Wählen Sie das Publikum für den Beitrag und gehen Sie auf die Schaltfläche *Link teilen*.

Sichtbarkeit bei erneutem Teilen

Facebook richtet sich immer nach der ursprünglichen Sichtbarkeit eines Beitrags. Wenn Ihr Freund also einen Beitrag mit seinen Freunden geteilt hat und Sie diesen Beitrag öffentlich teilen, können ihn weiterhin nur die Personen sehen, mit denen der Beitrag ursprünglich geteilt wurde.

Auch das noch: Notizen

Notizen sind an sich auch eine Beitragsart, werden aber nicht in der Beitragsmaske angeboten. Um eine Notiz zu erstellen, gehen Sie auf Ihre Chronik und rufen in der linken Spalte den Bereich *Notizen* auf.

Notizen lassen sich als Entwurf speichern und auch nach Veröffentlichung bearbeiten.

1 Geben Sie Ihrer Notiz 1 einen Titel.

2 Tragen Sie Ihren Text 2 ein.

3 Verwenden Sie zur Formatierung den Editor 3.

Tipp zur Formatierung: Sie können in Notizen auch noch weitere HTML-Befehle verwenden. Zum Beispiel Links im Text einfügen.

Weiterhin lassen sich ein und auch mehrere Fotos hinzufügen und links- oder rechtsbündig bzw. zentriert anlegen. Markieren Sie bei Bedarf bestimmte Facebook-Freunde und teilen Sie Ihre Notiz mit dem gewünschten Publikum oder betrachten Sie sich die Notiz zunächst in der Vorschau, speichern Sie sie als Entwurf oder verwerfen Sie die Notiz ganz einfach wieder. Weitere Informationen über Notizen finden Sie im Hilfebereich von Facebook unter *http://www.facebook.com/help/488014787881885*.

6. Wissenswertes rund um Ihr Profil

Mit der Nutzung von Anwendungen beginnt bei manchen erst der Spaß. Mit Interessenlisten lässt sich Ordnung schaffen, und Eltern wollen gern wissen, was es mit Facebook bei ihren Kindern auf sich hat.

Was passiert, wenn ich Anwendungen nutze?

Sicherlich werden Ihnen auf Facebook verschiedene Anwendungen begegnen, die Sie nutzen möchten. Zum Beispiel Spiele, Teilnahme an Gewinnaktionen, Geburtstagsanwendungen und viele andere mehr.

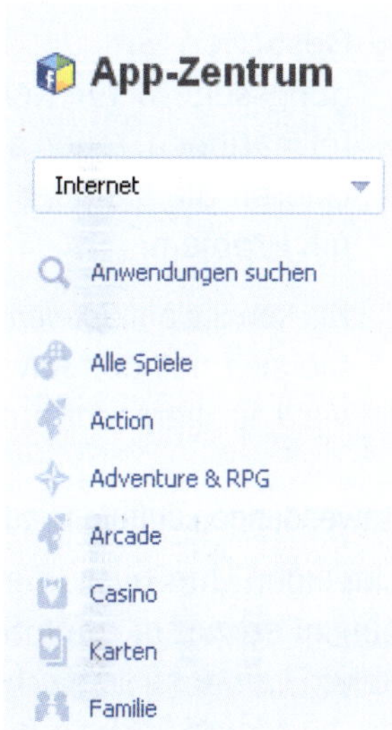

Es gibt eine schier unendliche Anzahl von Anwendungen, und je mehr Freunde Sie haben, umso mehr Einladungen erhalten Sie, diese oder jene Anwendung doch auch zu nutzen.

Schon der Blick ins App-Zentrum lässt ahnen, wie viele Spiele auf Facebook angeboten werden.

Eine Anwendung schalten am Beispiel von Spieleanwendungen

Rufen Sie das App-Center im Bereich *Anwendungen* auf Ihrer Startseite auf und halten Sie unter den verschiedenen Spielangeboten Ausschau nach Spielen, die Sie interessieren könnten.

1 Schauen Sie sich an, welche Genehmigungen die von Ihnen gewählte Anwendung benötigt 1 und was sie in Ihrem Namen tun wird.

2 Wählen Sie das Publikum 2, mit dem Sie Aktivitäten im Rahmen der Anwendung teilen möchten.

3 Besuchen Sie die Anwendungsseite 3 für weitere Informationen, teilen oder blockieren Sie sie oder melden ein Problem.

4 Klicken Sie auf *Spielen* 4, wenn Sie sich mit der Anwendung vertraut gemacht haben.

Anwendungen aufrufen und bearbeiten

Um einen Überblick über Ihre bereits geschalteten Anwendungen zu erhalten, rufen Sie die Übersicht auf, indem Sie in der linken Leiste Ihrer Startseite bei Anwendungen auf die Schaltfläche *Mehr* klicken. Oder wählen Sie diesen Link: *http://www.facebook.com/bookmarks/apps*.

Hinweis zu Meldungen von Anwendungen

Spieleanwendungen teilen Ihrem gewählten Publikum zum Beispiel mit, wenn Sie einen bestimmten Score erreicht haben. Damit möchte Facebook das Nutzererlebnis verbessern und auch andere motivieren zu spielen.

Fahren Sie mit der Maus über die Anwendungsliste und gehen Sie bei der Anwendung, die Sie anpassen möchten, auf den Bleistift.

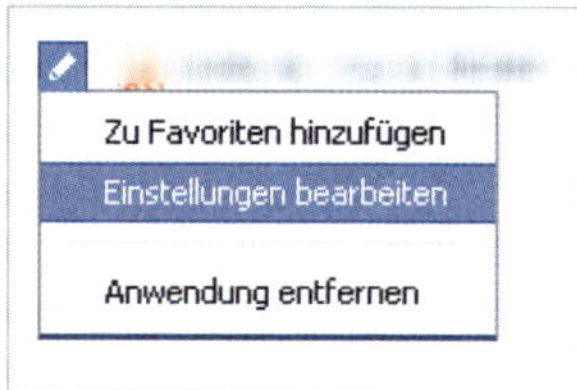

Facebook bietet Ihnen diese Optionen:

- **Zu Favoriten hinzufügen**: Diese Anwendung wird Ihnen dann auf Ihrer Startseite links oben bei den Favoriten angezeigt.
- **Einstellungen bearbeiten**: Prüfen Sie, ob Sie mit den Genehmigungen, die Sie der Anwendung eingeräumt haben, noch einverstanden sind.
- **Anwendung entfernen**: Entfernen Sie die Anwendung, wenn Sie sie nicht mehr verwenden möchten.

Achtung, nicht jeder spielt auf Facebook

Auch wenn Ihnen vielleicht Spieleanwendungen Spaß machen, so bedenken Sie, dass nicht jeder Nutzer auf Facebook spielen mag und sich nicht unbedingt über Anfragen zu Farmville & Co. freut. Vielleicht gehören Sie aber auch selbst zu den Zeitgenossen, die Facebook nicht zum Spielen nutzen. Ein paar Informationen vorweg:

- Es ist nicht möglich, Spieleanfragen pauschal zu deaktivieren, ohne die Anwendungsplattform komplett zu deaktivieren.
- Benachrichtigungen zu Spieleanfragen über die Weltkugel lassen sich nicht abstellen.
- Nutzer, die Spiele verwenden, haben zum Teil keinen Einfluss darauf, ob sie ihre Freunde zum Mitspielen einladen. Diese Einladungen verschicken die Spiele teils automatisch.

Was Sie tun können ist Folgendes:

Anfragen zu Spielen deaktivieren: Rufen Sie die Meldung in Ihren Benachrichtigungen bei der Weltkugel auf und deaktivieren Sie die Meldung. Sie werden in Zukunft keine Benachrichtigungen mehr zu dieser Anwendung erhalten.

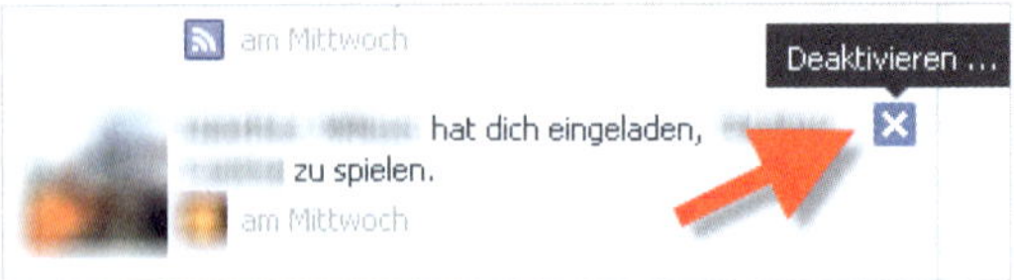

Anfragen zu Spielen blockieren: Rufen Sie das App-Center auf und gehen Sie dort auf die Schaltfläche *Anfragen*. Klicken Sie auf das Kreuz mit der Spieleanfrage, die Sie blockieren möchten.

In der nun folgenden Meldung können Sie die Anwendung blockieren und weitere Anfragen von dem betreffenden Facebook-Freund ignorieren.

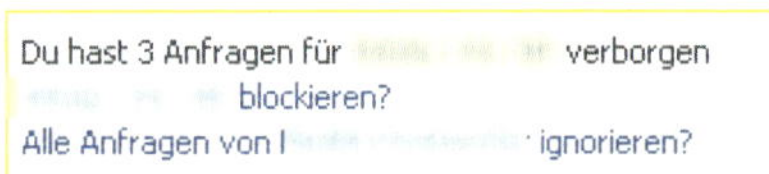

Hinweis zum Blockieren von Spieleanwendungen

Wenn Sie auf keinen Fall Spiele auf Facebook nutzen möchten, lohnt es sich, die Anwendung selbst zu blockieren. Denn nur so verhindern Sie, dass Sie weitere Anfragen zu diesem Spiel erhalten.

Alles rund um Veranstaltungen auf Facebook

Auf Facebook werden die verschiedenartigsten Veranstaltungen eingestellt. Um eine eigene Veranstaltung anzulegen, rufen Sie über die Schaltfläche *Veranstaltungen* die Maske zum Anlegen auf.

1 Tragen Sie den Namen Einzelheiten zur Veranstaltung ein **1**.

2 Wählen Sie einen Ort **2**.

3 Geben Sie das Datum und auch die Uhrzeit ein **3**.

4 Stellen Sie die Privatsphäre Ihrer Veranstaltung ein **4**: Wählen Sie zwischen *Öffentlich, Freunde von Gästen* und *Nur für eingeladene Gäste*.

5 Speichern Sie Ihre Veranstaltung über die Schaltfläche *Neu* **5** ab.

Über *Nur für eingeladene Gäste* geben Sie an, ob Ihre Gäste selbst noch Freunde einladen können und ob die Gästeliste angezeigt wird.

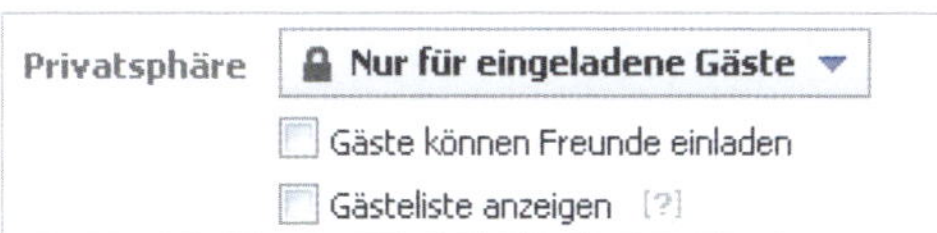

Weitere Optionen für Ihre Veranstaltung

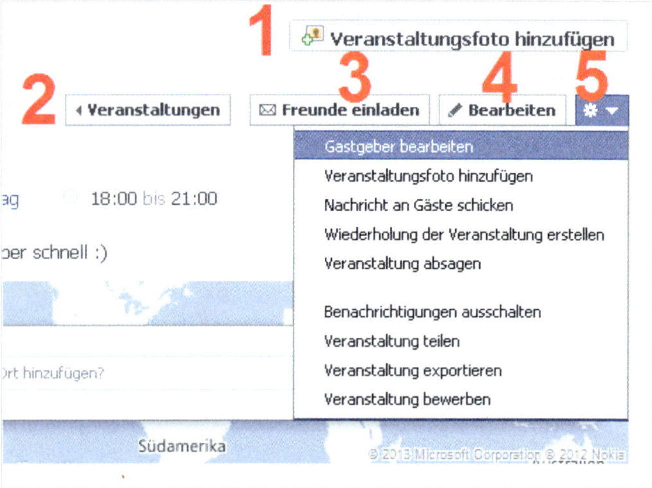

1 Fügen Sie ein Veranstaltungsfoto hinzu. Wählen Sie dazu eins aus Ihren Alben oder laden Sie ein neues Foto hoch.

2 Schauen Sie über diese Schaltfläche nach anderen Veranstaltungen.

3 Laden Sie Ihre Freunde ein.

4 Bearbeiten Sie die Eckdaten Ihrer Veranstaltung.

5 Nehmen Sie Kontakt auf zu Ihren Gästen, verschieben Sie Ihre Veranstaltung, sagen Sie sie ab, exportieren Sie den Termin in Ihren Kalender.

Meldung über Ihre Veranstaltung im Nachrichtenstrom von Freunden

Je nach gewähltem Publikum erhalten Ihre Freunde eine Meldung in Ihrem Nachrichtenstrom über die von Ihnen erstelle Veranstaltung. Alle, die diese Meldung angezeigt bekommen, können direkt in der Meldung angeben, dass sie teilnehmen.

Was passiert, wenn ich zu einer Veranstaltung eingeladen werde?

Sobald Sie eingeladen werden, erhalten Sie eine Benachrichtigung über die Weltkugel.

1 Über die Veranstaltungsseite können Sie auch andere Veranstaltungen aufrufen.

2 Geben Sie an, ob Sie teilnehmen werden, vielleicht teilnehmen werden oder sagen Sie ab.

3 Sie sehen auf der Veranstaltungsseite, wer Sie eingeladen hat.

4 Anzeige von den Zusagen: Der Facebook-Freund, der Sie eingeladen hat, wird an oberster Stelle angezeigt.

5 Anzeige der eingeladenen Personen: An dieser Stelle können Sie sich auch von der Gästeliste entfernen.

Hinweis: Sich von der Gästeliste entfernen

Wenn Sie nicht in Erscheinung treten wollen, so empfiehlt es sich, wenn Sie sich von der Gästeliste entfernen. Denn wenn Sie absagen, werden Sie bei den Absagen weiterhin auf der Veranstaltungsseite angezeigt.

Was tun, wenn Facebook den eigenen Namen nicht akzeptiert?

In manchen Fällen kommt es vor, dass Facebook Namen nicht akzeptiert, obwohl es der richtige Name ist. Sollten Sie davon betroffen sein, so rufen Sie das Formular *Änderung deines Namens* auf (*https://www.facebook.com/help/contact/245617802141709?rdrhc*) und tragen dort die geforderten Angaben für Ihren Antrag ein.

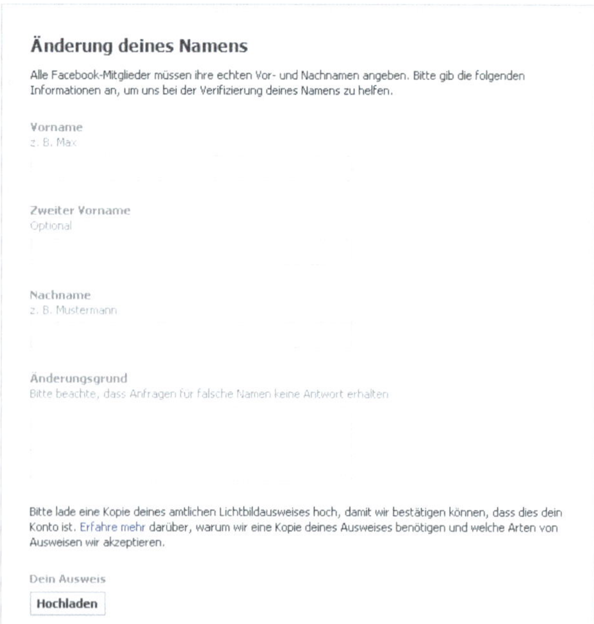
Änderung deines Namens

Alle Facebook-Mitglieder müssen ihre echten Vor- und Nachnamen angeben. Bitte gib die folgenden Informationen an, um uns bei der Verifizierung deines Namens zu helfen.

Vorname
z. B. Max

Zweiter Vorname
Optional

Nachname
z. B. Mustermann

Änderungsgrund
Bitte beachte, dass Anfragen für falsche Namen keine Antwort erhalten

Bitte lade eine Kopie deines amtlichen Lichtbildausweises hoch, damit wir bestätigen können, dass dies dein Konto ist. Erfahre mehr darüber, warum wir eine Kopie deines Ausweises benötigen und welche Arten von Ausweisen wir akzeptieren.

Dein Ausweis

Hochladen

Im Übrigen lässt Facebook nicht laufend Änderungen an Ihrem Namen zu. Bei zu häufigen Änderungen kann es zur Sperrung von weiteren Änderungen kommen. Hier eine Option, wie Sie diese Sperrung umgehen können:

1 Rufen Sie die Sicherheitseinstellungen in Ihrem Konto auf und deaktivieren Sie Ihr Konto.

2 Sie werden aufgefordert, einen Grund anzugeben. Wählen Sie, dass Ihr Konto gehackt wurde.

3 Wenn Facebook Sie auffordert, Ihr Konto zu sichern, so folgen Sie dieser Anweisung.

4 Im nächsten Schritt müssen Sie Ihr Passwort neu eingeben, und danach können Sie Ihren Namen prüfen und einen neuen Namen eintragen.

Auch praktisch: Interessenlisten

Zusätzlich zu Freundeslisten bietet Facebook auch Interessenlisten. Um bereits existierende Listen von anderen Nutzern zu abonnieren, rufen Sie *https://www.facebook.com/addlist* auf.

1 Suchen Sie nach Listen.

2 Klicken Sie auf *Abonnieren*, wenn Ihnen eine Liste aus den Vorschlägen gefällt.

3 Erstellen Sie selbst eine Liste.

Auch über die Verwaltung Ihrer eigenen Interessenlisten unter *https://www.facebook.com/bookmarks/interests* lassen sich eigene Listen erstellen.

- Sie können Seiten, Nutzer, die das Abonnieren ihrer öffentlichen Beiträge freigeschaltet haben, und Freunde in Ihre Liste aufnehmen.
- Sie können auch Seiten in Ihre Liste aufnehmen, bei denen Sie nicht angegeben haben, dass sie Ihnen gefällt.
- Auch Personen, deren öffentlichen Inhalte Sie nicht abonniert haben, können Sie in die Liste aufnehmen.

Hinweis: Aufruf der eigenen Interessenlisten

Sobald Sie Listen von anderen Nutzern abonniert oder eigene Listen erstellt haben, erscheint in der linken Leiste der Bereich *Interessen*, worüber Sie Ihre Listen aufrufen können. Die von Ihnen abonnierten Listen finden Sie außerdem im Bereich *Freunde* auf Ihrer Chronik.

Name und Privatsphäre für Ihre Liste

Geben Sie im nächsten Schritt Ihrer Liste einen Namen 1.

Geben Sie an, wer Ihre Liste sehen darf. Zunächst bietet Facebook Ihnen nur die Optionen *Öffentlich, Freunde* und *Nur ich* 2.

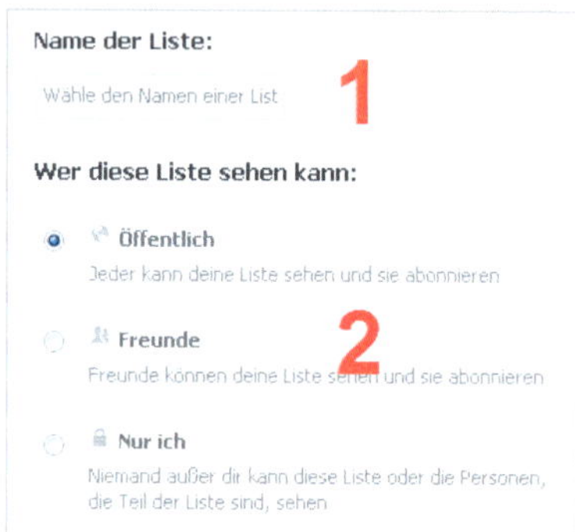

Auch wenn nicht das passende Publikum dabei ist, können Sie die Liste trotzdem erstellen. Sie erhalten nach Abspeichern die Möglichkeit, die Sichtbarkeit Ihrer Liste zum Beispiel auf *Benutzerdefiniert* einzustellen.

Listen verwalten

Über die Funktion *Liste verwalten* ändern Sie den Namen Ihrer Liste und bearbeiten die Mitglieder der Liste. Auch wählen Sie die Meldungsarten und stellen ein, von wem Sie über Aktivitäten in der Liste benachrichtigt werden möchten. Genauso wie Beiträge können Sie Ihre Liste auch mit anderen teilen.

Weitere Informationen zu Interessenlisten finden Sie in der Facebook-Hilfe unter *http://www.facebook.com/help/440058336033758*.

Neuigkeiten auf Ihrer Startseite filtern

Das, was Sie an Neuigkeiten in Ihrem Nachrichtenstrom auf Ihrer Startseite sehen möchten, lässt sich auch direkt an Ort und Stelle einstellen und anpassen. Fahren Sie dazu mit der Maus über den entsprechenden Beitrag.

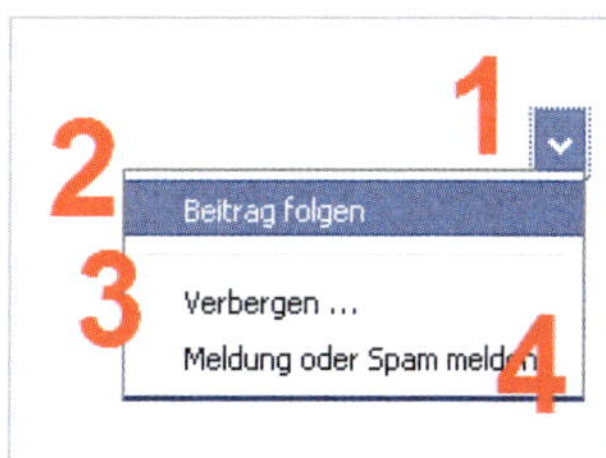

1 Klicken Sie rechts auf das kleine Pfeilsymbol.
2 Beitrag folgen: Wenn aktiviert, erhalten Sie Benachrichtigungen über die Weltkugel, auch wenn Sie nicht angegeben haben, dass Ihnen der Beitrag gefällt.

3 Verbergen: Diese Aktion öffnet ein neues Dialogfenster mit weiteren Optionen. Dazu mehr im kommenden Absatz.

4 Meldung oder Spam melden: Melden Sie den Beitrag, wenn er Ihrer Meinung nach in irgendeiner Form nicht den guten Sitten entspricht.

Weitere Möglichkeiten bei verborgenen Meldungen

Wie bereits erwähnt, erscheint ein neues Dialogfenster, sobald Sie einen Beitrag verbergen.

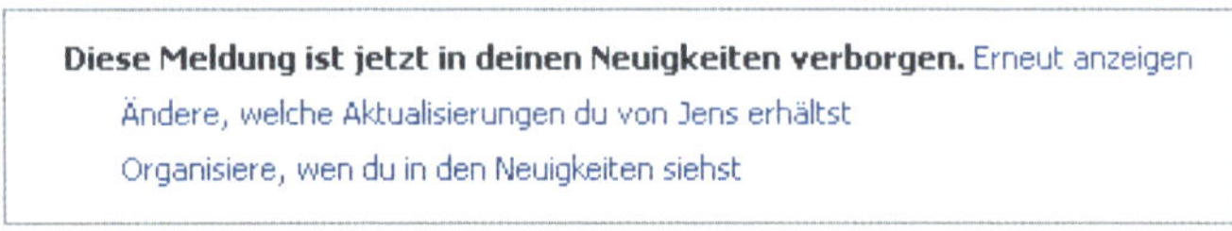

- Lassen Sie sich den Beitrag erneut anzeigen.
- Stellen Sie ein, welche Inhalte Sie in Zukunft von diesem Nutzer sehen möchten.
- Organisieren Sie, wessen Inhalte Sie in den Neuigkeiten angezeigt bekommen. Hier leitet Sie Facebook zu einer Ansicht mit Ihren Freunden weiter, mit denen Sie in der letzten Zeit weniger interagiert haben. Sie werden gefragt, ob und welchen dieser Freunden Sie in die Liste *Bekannte* verschieben möchten, damit Sie weniger Neuigkeiten von diesen Freunden in Ihrem Nachrichtenstrom angezeigt bekommen.

Hinweis zum automatischen Folgen von Beiträgen

Sobald Sie einen Beitrag von einem Freund kommentieren, geht Facebook davon aus, dass Sie an dem weiteren Verlauf der Unterhaltung interessiert sind und benachrichtigt Sie, sobald etwas Neues passiert. Wünschen Sie dies nicht, so klicken Sie auf die Schaltfläche *Beitrag nicht mehr folgen*.

Anzeige Ihrer sozialen Handlungen in Werbeanzeigen

Facebook lebt von der Anzeigenschaltung. Nur so kann Facebook auf Dauer für alle Nutzer kostenlos bleiben. Eine Anzeigenform auf Facebook sind gesponserte Meldungen. Bei dieser Werbeform erhalten Ihre Freunde eine Meldung darüber, wenn Ihnen eine Facebook-Seite oder ein Beitrag von einer Seite gefällt.

Wenn Sie das nicht möchten, gehen Sie über Ihre Privatsphäre-Einstellungen in den *Bereich Werbeanzeigen* und rufen über den Link *Bearbeiten* den Abschnitt *Werbeanzeigen & Freunde* auf.

Klicken Sie auf *Niemand*, wenn Sie nicht möchten, dass Ihren Freunden Ihre sozialen Handlungen zusammen mit Ihrem Profilbild in Verbindung mit Facebook-Werbeanzeigen angezeigt wird.

Spezielle Einstellungen für Minderjährige

Im Hilfebereich *http://www.facebook.com/help/473865172623776* zeigt Facebook die speziellen Einstellungen für Minderjährige auf. Hier werden vor allem die Sichtbarkeit ihrer Inhalte und die Verbindung zu ihren Freunden aufgezeigt. Unter anderem:

- Die Einstellung *Markierungen überprüfen* ist bei Minderjährigen automatisch aktiviert, kann auf Wunsch deaktiviert werden.

Minderjährige und Datenschutz

Wie die Privatsphäre für Minderjährige funktioniert

Unsere Privatsphäre-Einstellungen für Jugendliche funktionieren anders als für Erwachsene. Nachfolgend findest du einen genauen Überblick über die Unterschiede zwischen Privatsphäre-Einstellungen und „Teilen"-Optionen für Minderjährige und Erwachsene.

- Wie verbinden sich Minderjährige mit anderen Nutzern?
- Wie teilen Minderjährige Beiträge wie Fotos und Statusmeldungen?
- Wie funktioniert das Markieren für Minderjährige?
- Wie funktionieren die Ortungsdienste für Minderjährige?
- Wie ändern sich die Privatsphäre-Einstellungen, wenn Minderjährige volljährig werden?
- Wie funktioniert die Einstellung „Öffentlich" für Minderjährige?

- Minderjährige können von den Freunden ihrer Freunde Nachrichten erhalten und markiert werden.
- Angaben zu Aufenthaltsorten sind standardmäßig deaktiviert.
- Bei Minderjährigen bedeutet das öffentliche Teilen eines Beitrags, dass sie ihn mit den Freunden ihrer Freunde teilen.

Hilfebereiche für Eltern

Facebook bietet Eltern im Hilfebereich weitere Infoseiten speziell für Minderjährige an. Nehmen Sie sich die Zeit und lesen Sie sich die Inhalte in den Hilfebereichen durch. Sie können die Hilfeseiten auch dann aufrufen, wenn Sie selbst nicht über ein Facebook-Profil verfügen.

- **Informationen für Eltern**: Diese beinhalten Themen zu Privatsphäre und Sicherheit bei Minderjährigen und sind im Hilfebereich unter *http://www.facebook.com/help/328670333888217* abrufbar.

- **Werkzeuge für Eltern und Pädagogen**: *http://www.facebook.com/help/441374602560317*: Auf diesen Hilfeseiten werden unter anderem Themen wie Missbrauch und das Melden vermisster Personen erläutert.

Auch wenn Sie nicht über ein Facebook-Profil verfügen, können Sie Nachrichten an Facebook schicken, indem Sie die Formulare verwenden.

Zum Beispiel wenn Sie die Werbeanzeigen-Einstellungen für Ihr Kind ändern möchten. Diese Option bietet Ihnen Facebook am Ende *der Werkzeuge für Eltern*. Dort können Sie das Formular *Beantrage Hilfe für die Änderung der Werbeanzeigen-Einstellungen deines Kindes* (*http://www.facebook.com/help/contact/328678960533614?rdrhc*) aufrufen.

Beantrage Hilfe für die Änderung der Werbeanzeigen-Einstellungen deines Kindes

Bestätige, dass du ein Erziehungsberechtigter oder ein Elternteil bist, um Hilfe bei der Änderung der Einstellung für das Zusammenfügen des Namens deines Kindes mit Werbeanzeigen zu erhalten.

Hast du bereits versucht deinem Kind bei der Änderung seiner Privatsphäre-Einstellungen für Werbeanzeigen zu helfen?

Nein

Ja

Senden

Infos bei Klicksafe

Bei Klicksafe erhalten Eltern laufend aktualisierte Informationen rund um die Sicherheit für ihr Kind im Umgang mit Facebook unter *http://goo.gl/4sUGE*.

7. Gruppen: das richtige Instrument für Gemeinschaften

Auf Facebook werden Ihnen Gruppen zu den verschiedensten Themen begegnen. Was es mit Gruppen auf sich hat, erfahren Sie in diesem Kapitel.

Was ist eine Facebook-Gruppe und welche Arten gibt es?

Gruppen sind Gemeinschaften von Menschen mit gleichen oder ähnlichen Interessen. Auf Facebook gibt es Gruppen zu den verschiedensten Themen und Interessensgebieten. Manche sind einfach nur zum Scherz gedacht, andere wiederum sind richtige Arbeitsgemeinschaften. Facebook bietet drei verschiedene Arten von Gruppen an:

- **Offene Gruppe**: Diese Gruppenart ist öffentlich und kann über die Facebook-Suche gefunden werden. Sowohl die Gruppenmitglieder als auch ihre Beiträge in der Gruppe können von Nutzern, die nicht Mitglied einer offenen Gruppe sind, gelesen werden.
- **Geschlossene Gruppe**: Geschlossene Gruppen werden auch über die Facebook-Suche gefunden. Nutzer, die nicht Mitglied einer geschlossenen Gruppe sind, können sehen, wer jeweils Mitglied ist. Die Inhalte einer geschlossenen Gruppe können nur die Mitglieder sehen.
- **Geheime Gruppe**: Geheime Gruppen werden nicht über die Facebook-Suche gefunden. Wenn Sie die URL einer geheimen Gruppe an eine Person schicken, die nicht Mitglied dieser Gruppe ist, erhält diese Person die Meldung, dass es den Inhalt nicht gibt. Inhalte und auch die Gruppenmitglieder sind von außen nicht sichtbar.

Das Anlegen einer Gruppe

Um eine Gruppe zu gründen, gehen Sie auf die Schaltfläche *Gruppe gründen* in der linken Spalte auf Ihrer Startseite. Überlegen Sie vorher, wen Sie hinzufügen möchten. Denn eine Gruppe kann nur mit mindestens zwei Personen gegründet werden.

Mitglied von einer Gruppen werden

Um Mitglied einer Gruppe zu werden, können Sie den Beitritt in offenen und geschlossenen Gruppen beantragen. Um einer geheimen Gruppe beitreten zu können, müssen Sie von einem bestehenden Gruppenmitglied eingeladen werden.

Hinzufügen von neuen Gruppenmitgliedern

Sie können nur Ihre Freunde in Gruppen hinzufügen. Zahlreiche Nutzer sind allerdings nicht begeistert darüber, wenn sie ungefragt in Gruppen hinzugefügt werden. Fragen Sie vorher sicherheitshalber nach, wer in Ihre Gruppe aufgenommen werden möchte. Auch das Einladen per E-Mail ist mit Vorsicht zu genießen. Personen, die nicht auf Facebook sind, erhalten über diese Funktion mehrfach eine Nachricht in Ihrem Namen, sich bitte bei Facebook anzumelden.

1 Gehen Sie nach Anlegen Ihrer Gruppe oben rechts auf das Zahnrad und wählen Sie *Gruppeneinstellungen bearbeiten*.

2 Geben Sie in der Maske an, ob jedes Gruppenmitglied neue Mitglieder hinzufügen und bestätigen darf oder nur Administratoren neue Mitglieder bestätigen dürfen.

3 Geben Sie gegebenenfalls an, ob Gruppenbeiträge durch einen Administrator überprüft werden sollen.

4 Tragen Sie unter *Adresse der Gruppe* einen eigenen Namen ein. Dieser gilt dann als E-Mail-Adresse der Gruppe und Gruppen-URL. Die E-Mail-Adresse lautet dann *gruppenname@grouips.facebook.com* und die URL *http://www.facebook.copm/groups/gruppenname*.

5 Tragen Sie eine Beschreibung für Ihre Gruppe ein. Bei offenen und geschlossenen Gruppen sehen auch Nicht-Mitglieder den Beschreibungstext.

6 Geben Sie gegebenenfalls an, ob auch Mitglieder oder nur Administratoren Beiträge in die Gruppe posten dürfen.

Individuelles Gruppenfoto als Titelbild

Voreingestellt zeigt Facebook im Kopfbereich die Profilbilder von bis zu acht Gruppenmitgliedern an. Wenn Sie ein eigenes Titelbild für Ihre Gruppe wünschen, so fahren Sie mit der Maus rechts oben über die Bildleiste. Es erscheint eine Schaltfläche, über die Sie ein Foto aus der Gruppe oder von Ihrem Rechner wählen können. Titelbilder in Gruppen sind 800 Pixel breit und können bis zu 235 Pixel hoch sein.

Die verschiedenen Funktionen in Gruppen

Facebook-Gruppen verfügen über verschiedene Funktionen, die auf Seiten und in Profilen nicht enthalten sind.

- **Erstellen von Dokumenten**: Jedes Gruppenmitglied kann Dokumente erstellen und Dokumente von anderen bearbeiten. Hier zeigt Facebook auch eine Historie an, auf die Sie zurückgreifen können.
- **Dropbox in Gruppen verwenden**: Wenn Sie über ein Dropbox-Konto verfügen, können Sie auch Dateien aus Ihrer Dropbox hinzufügen. Gehen dazu oben auf die Schaltfläche *Datei hinzufügen* und wählen Sie die Option *Von Deinem Dropbox-Konto*.

- **Suche**: Gruppen verfügen über eine eigene Suchfunktion, um nach Inhalten innerhalb einer Gruppe zu suchen.
- **Gruppenachricht**: Um allen Gruppenmitgliedern eine Nachricht zu senden, gehen Sie oben rechts auf das Zahnrad und wählen Sie *Nachricht senden*. Markieren Sie die Gruppenmitgliedern, denen Sie Ihre Nachricht schicken möchten, oder klicken Sie unten in der Maske auf *Alle auswählen*. *Gruppennachrichten* steht nur kleinen Gruppen zur Verfügung.
- **Benachrichtigen**: Stellen Sie über die Schaltfläche *Benachrichtigen* ein, ob Sie über neue Inhalte in der Gruppe eine Nachricht erhalten möchten oder nicht.
- **Sortierung der Beiträge in Gruppen**: Sobald Mitglieder einen Gruppenbeitrag kommentieren, wird dieser oben als neuester Beitrag in der Gruppe angezeigt. So kann es vorkommen, dass auch ältere Beiträge durch laufende Kommentare nicht in Vergessenheit geraten und sich auch Diskussionen über einen längeren Zeitraum hinweg entwickeln.
- **Beitrag fixieren**: Wichtige Inhalte lassen sich oben fixieren. Dazu gehen Sie mit der Maus über den entsprechenden Beitrag und wählen *Beitrag fixieren*. Die Fixierung bleibt so lange bestehen, bis Sie sie wieder aufheben.

Synchronisation von Daten aus der Dropbox

Wenn Sie Änderungen an Dateien durchführen, die Sie über Dropbox in Ihre Facebook-Gruppe hochgeladen haben, werden diese automatisch auch in der Gruppe mit geändert, also synchronisiert. Gruppenmitglieder erhalten darüber eine Nachricht.

Das gilt auch noch für Gruppen

Zusätzlich zu den genannten Funktionen gibt es noch einige, die nicht so oft benötigt werden, aber dennoch gut zu wissen sind.

- **Administratoren hinzufügen**: Für weitere Administratoren rufen Sie die Mitglieder auf. Gehen Sie bei dem entsprechenden Gruppenmitglied auf das Zahnrad und wählen Sie *Zum Administrator ernennen*. Neu ernannte Administratoren erhalten eine Meldung darüber.
- **Gruppenname ändern**: Sollten Sie Ihren Gruppennamen ändern wollen, denken Sie daran, dass dies nur bis zu einer Anzahl von 250 Mitglieder möglich ist.
- **Gruppenaustritt**: Gehen Sie zum Austritt aus einer Gruppe über das Zahnrad auf die Schaltfläche *Gruppe verlassen*. Verhindern Sie erneutes Hinzufügen, indem Sie den Haken bei *Halte andere Personen aus dieser Gruppe davon ab, dich erneut hinzuzufügen* stehen lassen. Ein Wiedereintritt ist dann nur möglich, wenn Sie den Beitritt beantragen.
- **Gruppe löschen**: Um eine Gruppe zu löschen entfernen Sie zunächst alle Mitglieder. Dazu müssen Sie jedes Mitglied einzeln anwählen und auf *Entfernen* klicken. Sobald Sie sich selbst zum Schluss entfernt haben, ist die Gruppe automatisch gelöscht.

8. Das Einrichten einer Facebook-Seite: Was finde ich wo?

Mit einer Facebook-Seite lassen sich nicht nur Unternehmen präsentieren. Auch für Vereine, Interessensgemeinschaften, Projekte und vieles andere mehr eignet sich Facebook hervorragend, um andere für das eigene Anliegen zu begeistern.

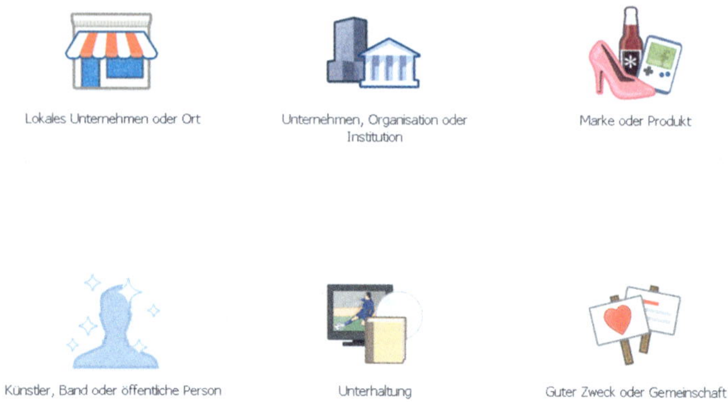

Eine Seite anlegen und erste Schritte

Eine Facebook-Seite ist schnell mit ein paar Klicks angelegt. Zur Anmeldemaske für Seiten gelangen Sie über verschiedene Wege.

- Melden Sie sich mit Ihrem Facebook-Profil an und gehen Sie über Ihre Startseite in der linken Leiste im Bereich *Seiten* auf *Empfohlene Seiten*. Dort finden Sie oben die grüne Schaltfläche *+ Seite erstellen* (*http://www.facebook.com/pages/create.php*).

- Rufen Sie Facebook über *www.facebook.com* auf und gehen Sie unter der grünen Schaltfläche *Registrieren* auf *Erstelle eine Seite*.

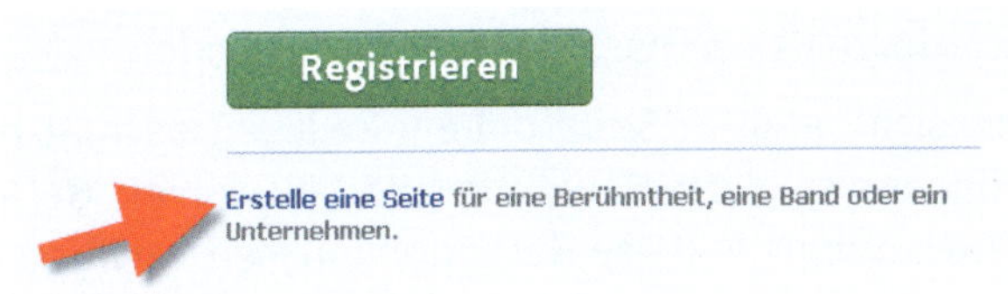

Achtung: Nachdem Sie die Kategorie gewählt haben, gehen Sie **nicht** auf *Erstelle ein Facebook Konto*, sondern auf *Ich habe bereits ein Konto bei Facebook*.

Hinweis: *Ich habe bereits ein Konto bei Facebook* ist die richtige Wahl, wenn Sie in Zukunft auf alle Funktionalitäten und Anwendungen auf Facebook auch als Seite Zugriff haben möchten. Über *Erstelle ein Facebook-Konto* richten Sie ein Unternehmenskonto mit weniger Funktionsumfang ein.

- Besuchen Sie im angemeldeten Zustand eine Facebook-Seite Ihrer Wahl. Es ist dabei unerheblich, ob Sie bei der Seite angegeben haben, dass sie Ihnen gefällt. Ihnen wird an zwei Stellen die Option zum Erstellen einer Seite angezeigt.

  Oben rechts neben dem Titelbild der besuchten Seite sehen Sie die blaue Schaltfläche *Seite erstellen*.

  Unter dem Titelbild der von Ihnen besuchten Seite finden Sie ebenfalls den Link *Seite erstellen*, wenn Sie auf das Zahnrad auf der Seite klicken.

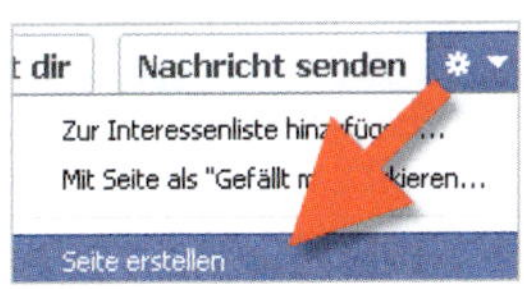

Nachdem Sie über einen der beschrieben Wege die Anmeldemaske aufgerufen haben, gehen Sie wie folgt vor:

- Wählen die für Sie passende Kategorie. Sie können die Kategorie jederzeit auch nachträglich wieder ändern.
- Wenn es sich bei Ihrer Seite um ein lokales Geschäft handelt, lohnt es sich, diese Kategorie sofort zu wählen. Bei späterer Umwandlung in diese Kategorie müssen Sie Ihre eigene Seite noch einmal extra claimen (beanspruchen). Ansonsten sehen Nutzer die Hinweise: *Kennst du den Inhaber* und *Ist das Ihr Unternehmen* auf Ihrer eigenen Facebook-Seite.

Setzen Sie Ihre Seite zunächst auf unsichtbar

Sobald Facebook Ihre Seite akzeptiert hat, ist diese auch öffentlich sichtbar für alle Nutzer, und es empfiehlt sich daher, dass Sie die Seite erst einmal auf unsichtbar setzen, damit Sie sie in Ruhe bearbeiten können. Zunächst werden Sie zu einer Maske für weitere Informationen weitergeleitet. Beachten Sie diese Schritte erst einmal nicht, sondern überspringen Sie sie so lange, bis Sie auf der Chronik Ihrer neuen Seite angekommen sind.

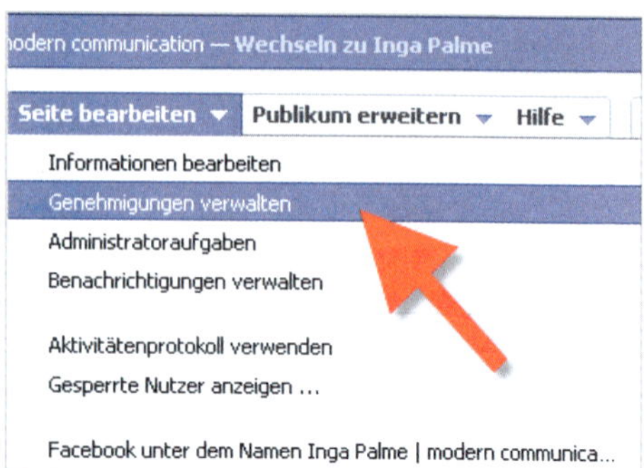

Gehen Sie oben im Adminbereich über *Seite bearbeiten* auf *Genehmigungen verwalten*. Setzen Sie in der ersten Zeile den Haken bei *Sichtbarkeit der Seite*. Und speichern Sie ab. Nun sehen nur Sie selbst die Seite und Sie können in Ruhe mit der Einrichtung beginnen.

Vorgaben für Ihren Seitennamen

Sollte Facebook den von Ihnen gewählten Namen für Ihre Seite nicht akzeptieren, kann es daran liegen, dass Sie allgemeine Begriffe wie Pizza, Taxi etc. verwenden. Ebenso dürfen einzelne Worte nicht nur aus Großbuchstaben bestehen, Sonderzeichen sind auch nur bedingt möglich. Mehr dazu und weitere Vorgaben entnehmen Sie den Nutzungsbedingungen unter *http://www.facebook.com/page_guidelines.php*.

Der Aufbau des Adminfensters über Ihrer Chronik

Direkt über der Chronik Ihrer Seite sehen Sie das Adminfenster Ihrer Seite. Die einzelnen Bereiche sind:

1 **Benachrichtigungen**: In diesem Feld erhalten Sie eine Benachrichtigung, wenn Nutzer auf Ihrer Facebook-Seite interagieren.

2 **Nachrichten**: In diesem Feld werden Ihnen Nachrichten angezeigt, die Nutzer an Ihre Seite geschickt haben. Diese Nachrichten können nur Sie und der Absender sehen.

3 **Neue „Gefällt mir"-Angaben**: Sobald neue Nutzer angeben, dass ihnen Ihre Seite gefällt, erhalten Sie dazu in diesem Feld eine Meldung. Über den Link *Alle anzeigen* können Sie alle *Gefällt mir*-Angaben abrufen, unter anderem auch die von anderen Seiten, wenn Sie angegeben haben, dass Ihnen Ihre Seite gefällt. Hinweis: *Gefällt mir*-Angaben von Seiten werden in die Gesamtsumme der *Gefällt mir*-Angaben zu Ihrer Seite nicht mitgezählt. In dieser Summe sind nur Profile.

4 **Statistiken**: Ab 30 *Gefällt mir*-Angaben haben Sie Zugriff auf die Statistiken Ihrer Facebook-Seite.

5 **Lade Freunde ein**: Über dieses Feld können Sie Ihre Freunde zu Ihrer Facebook-Seite einladen. Diese erhalten dann eine entsprechende Meldung. Leider passiert es immer wieder, dass Freunde doppelt oder gar mehrfach eingeladen werden, weil auch Freunde angezeigt werden, die bereits eingeladen wurden oder bereits angegeben haben, dass ihnen eine Seite gefällt. Klicken Sie zum Einladen besser auf den Link *Alle anzeigen*. Über diesen Weg ist das Risiko der mehrfachen Einladungen um Einiges geringer.

6 **Seite bearbeiten**: Über diese Schaltfläche gelangen Sie zum eigentlichen Administrationsbereich Ihrer Facebook-Seite. Zu den einzelnen Punkten später mehr in diesem Kapitel.

7 **Publikum erweitern**: Teilen Sie die Seite mit Ihren Freunden oder schalten Sie Werbeanzeigen, um mehr Aufmerksamkeit zu erlangen. Auch wird die Option *E-Mail Kontakte einladen* angeboten. Wie bei Profilen ist es besser, diese nicht zu nutzen, da Personen, die nicht auf Facebook sind, mehrfach eine Einladung zu Facebook in Ihrem Namen erhalten.

8 **Hilfe**: Über diese Schaltfläche gelangen Sie zum Hilfebereich speziell für Facebook-Seiten.

9 **Verbergen**: Beim Anklicken verschiebt sich das Adminfenster in den Hintergrund. Sobald Sie Ihre Seite erneut aufrufen, wird es Ihnen wieder angezeigt. Je nach Bildschirmgröße kann es genau umgekehrt sein. Also dass Sie das Adminfenster bei jedem Aufrufen Ihrer Facebook-Chronik erst über *Aktivieren* wieder angezeigt bekommen.

Die Bedeutung von Verwende Facebook als

Viele Nutzer rufen ihre Facebook-Seite über die Option *Verwende Facebook als* auf, um die eigene Seite zu verwalten. Dabei ist dies nicht unbedingt nötig.

Zum Beispiel können Sie in diesem Modus keine Anwendungen zu Ihrer Seite hinzufügen, sondern müssen dazu wieder in Ihr Profil wechseln. Ebenso lässt Facebook Sie auch keine Werbeanzeigen als Seite schalten. Sie erhalten eine Meldung, dass Sie zu Ihrem Profil wechseln mögen.

Bis auf die Ausnahme, dass Sie als Seite angeben möchten, dass Ihnen andere Seiten gefallen und Sie als Seite auf anderen Seiten einen Beitrag verfassen oder kommentieren möchten, benötigen Sie die Funktion *Verwende Facebook als* eigentlich überhaupt nicht.

Ihre Seite über das eigene Profil verwalten

Rufen Sie als Profil Ihre Seite über die Linkleiste im Bereich *Seiten* über Ihre Startseite auf. Hinweis: Sie können auch Ihre Seite oben in die Favoriten Ihrer Startseite verschieben.

Beim Aufruf Ihrer Seite als Profil wird Ihnen oben unter der Suchmaske ein Hinweis angezeigt. Dieser lautet: *Du postest,* *kommentierst und machst „Gefällt mir“-Angaben im Namen von <Name Ihrer Seite> – Wechseln zu <Ihr Profilname>*.

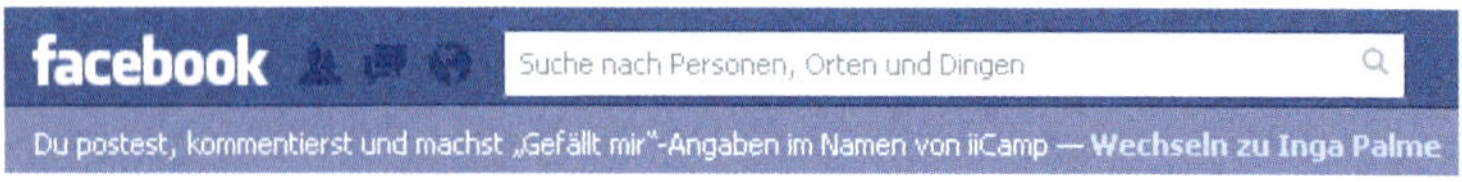

Und dies, obwohl Ihnen oben rechts in der Leiste weiterhin Ihr Profilbild angezeigt wird. Machen Sie den Test, Sie werden merken, dass Sie auch als Profil auf Ihrer eigenen Seite im Namen Ihrer Seite interagieren. Es sei denn, Sie wechseln über die hier beschriebene Schaltfläche zu Ihrem Profil.

Inhalte von anderen Nutzern mit Ihrer Seite teilen

Sie können auch nur als Profil Inhalte von anderen Nutzern mit Ihrer Seite teilen. Keine Sorge, der Beitrag wird dann auf Ihrer Seite so angezeigt, als wenn Sie ihn als Seite geteilt haben.

Aufbau des Kopfbereichs Ihrer Chronik

Der Aufbau der Chronik Ihrer Facebook-Seite ist Ihrem Profil ähnlich. Hier zunächst der Aufbau. Wo Sie was eintragen, erfahren Sie im Verlauf dieses Kapitels.

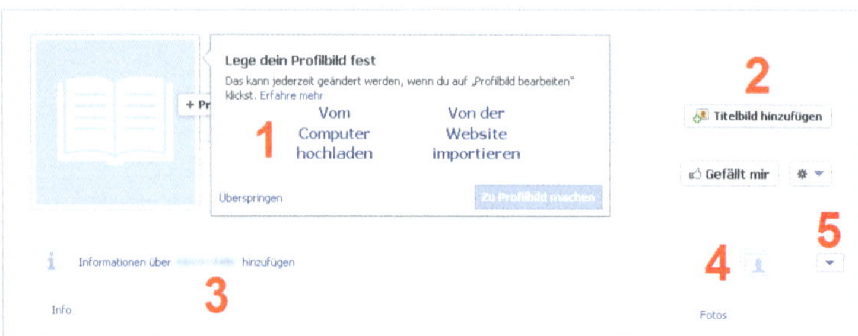

1 **Lege dein Profilbild fest**: Laden Sie ein Profilbild von Ihrem Computer hoch oder importieren Sie Bilder von Ihrer Webseite.

2 **Titelbild hinzufügen**: Dies ist genau wir in Ihrem Profil ein großes Bild, das über die gesamte Breite Ihrer Chronik angezeigt wird.

3 **Informationen hinzufügen**: An dieser Stelle tragen Sie einen kurzen Beschreibungstext über Ihre Seite ein.

4 **Favoriten**: Wie bei Ihrem Profil werden Ihre Favoriten auf Ihrer Chronik angezeigt. Und genau wie im Profil ist der Reiter *Fotos* fix in der Leiste.

5 **Favoriten bearbeiten**: Über den kleinen Pfeil gelangen Sie in den Bearbeitungsmodus Ihrer Favoriten.

Die Wahl des richtigen Profil- und Titelbildes

Für Ihren individuellen Auftritt laden Sie ein Profil und ein Titelbild hoch.

Profilbild: Dies wird bei einer Unternehmung zum Beispiel Ihr Logo sein. Fahren Sie mit der Maus über die Fläche für das Profilbild und laden Sie Ihr Profilbild hoch.

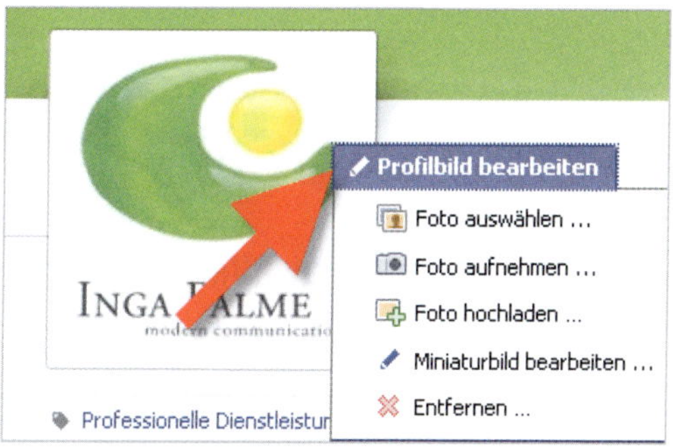

Das Mindestmaß beträgt dabei 180 x 180 Pixel. Im Anschluss fahren Sie noch einmal mit der Maus über Ihr Profilbild und gehen auf *Profilbild bearbeiten*. Wählen

Sie hier *Miniaturbild bearbeiten* und passen Sie Ihr Profilbild an vorgegebenen den Rahmen an.

Titelbild: Dieses hat die Maße von 851 x 315 Pixeln. Schmalere Bilder werden auf die Breite von 851 Pixeln hochskaliert. Dabei muss das Bild eine Mindestbreite von 399 Pixeln haben. Die Vorgaben für Titelbilder von Facebook-Seiten sind:

- Das Titelbild darf keine Handlungssaufforderung beinhalten. Zum Beispiel die Aufforderung „klicke auf den Gefällt-mir-Button".
- Das Titelbild darf bis zu 20 % Text enthalten.
- Es dürfen keine Kontaktdaten wie E-Mail- und Webadresse, Telefon oder Anschrift im Titelbild enthalten sein.
- Auch Preise und Kaufinformationen sind nicht erlaubt.
- Facebook-Funktionen dürfen nicht im Titelbild verwendet werden. Zum Beispiel die *Gefällt mir*-Schaltfläche.

Vorgaben für das Titelbild bei Facebook abrufen

Die Vorgaben für das Titelbild finden Sie im Hilfebereich *Wie sollte ich das Titelbild für meine Seite wählen* unter *http://www.facebook.com/help/276329115767498* und in den Nutzungsbedingungen für Facebook-Seiten unter *http://www.facebook.com/page_guidelines.php*.

Doch Achtung: Die Vorgaben im Hilfebereich und in den Nutzungsbedinungen für Facebook-Seiten sind nicht identisch und werden im Hinblick auf ihre Anwendbarkeit auch kontrovers diskutiert.

Das Bearbeiten der Favoriten unter Ihrem Titelbild

Facebook bietet Ihnen verschiedene Optionen, um die Favoriten unter dem Titelbild Ihrer Facebook-Seite den eigenen Wünschen anzupassen.

Sie können bis zu zwölf Reiter in Ihren Favoriten anzeigen lassen.

1 Bearbeitungsmodus aufrufen: Klicken Sie rechts neben den Reitern Ihrer Favoriten auf den kleinen Pfeil, der nach unten zeigt.

2 Bearbeitungsmaske aufrufen: Fahren Sie dann mit der Maus über den Reiter, den Sie bearbeiten möchten, und klicken Sie auf den Bleistift, der beim Drüberfahren erscheint.

3 Position tauschen: Wählen Sie im oberen Abschnitt der Maske aus, mit welcher Position Sie Ihren Reiter tauschen möchten.

4 Einstellungen bearbeiten: Wählen Sie im unteren Abschnitt *Einstellungen bearbeiten*. Es öffnet sich eine neue Maske. Über diese Maske können Sie den Reiter von Favoriten entfernen, ein eigenes Bild hochladen (111 x 74 Pixel) und dem Reiter einen eigenen Namen geben.

Aufrufbarkeit vom Bearbeitungsmodus

Zu Beginn werden Sie den Bearbeitungsmodus nicht komplett aufrufen können. Das liegt daran, dass Sie zum Beispiel noch keine Veranstaltung erstellt, ein Video hochgeladen oder eine Anwendung zu Ihrer Seite hinzugefügt haben.

Anordnung der Inhalte auf Ihrer Chronik (Zeitstrahl)

Durch die Änderung am Layout der Chronik von Profilen im Frühjahr 2013 unterscheidet sich die Chronik von Seiten ebenfalls.

1 **Höhepunkte**: Dies ist die Standardansicht und sie wird auch immer wieder angezeigt, sobald Ihre Chronik aufgerufen wird. Sie können sich auch Beiträge von Freunden, von anderen Seiten und von anderen Nutzern anzeigen lassen.

2 **Beitragsmaske**: Verfassen Sie darüber die Beiträge für Ihre Seite.

3 **Jetzt**: Später erscheinen hier die Monate und Jahre, in denen Sie Inhalte publiziert haben, in absteigender Reihenfolge.

4 **Ist Facebook beigetreten**: Wenn Sie nicht möchten, dass andere sehen, wann Sie Ihre Seite auf Facebook erstellt haben, fahren Sie mit der Maus über die rechte obere Ecke und klicken auf *Auf der Seite verbergen*.

5 **Zeitstrahl**: Alle Beiträge auf Ihrer Seite werden ihrem jeweiligen Datum entsprechend entlang des Zeitstrahls auf der linken und rechten Seite angezeigt.

6 **Aktivitäten**: Dieses Feld zeigt Ihre aktuellen Aktivitäten auf. Soll das Feld nicht angezeigt werden, fahren Sie mit der Maus darüber und klicken auf *Diese Meldung von der Chronik entfernen*.

7 **Wann wurde es gestartet**: Tragen Sie den Beginn und die Art des Beginns Ihrer Unternehmung ein, fügen Sie einen Ort hinzu, einen beschreibenden Text und Fotos.

Schritt für Schritt: das Einrichten Ihrer Facebook-Seite

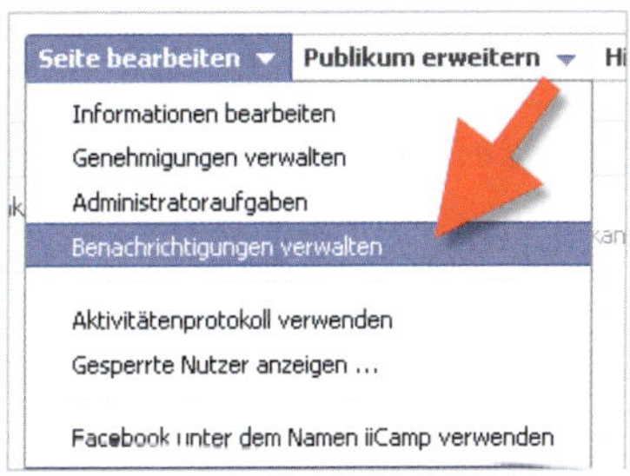

Über das Adminfenster über Ihrer Chronik gelangen Sie in den Bereich Ihrer Seite, wo Sie verschiedene Einstellungen vornehmen können.

Leider ist Facebook in der Angabe der Reihenfolge so wie sie auf diesem Bild in der Vorschau angezeigt wird, nicht konsequent, was zu Verwirrungen führen kann. Im eigentlichen Adminbereich werden die einzelnen Inhalte in einer anderen Reihenfolge aufgeführt. Auch ist die Terminierung unterschiedlich. So finden sich unter dem Punkt *Benachrichtigungen verwalten* nicht die Aktivitäten anderer Nutzer auf Ihrer Facebook-Seite, sondern die Einstellungsoptionen dahingehend, wie Sie benachrichtigt werden möchten.

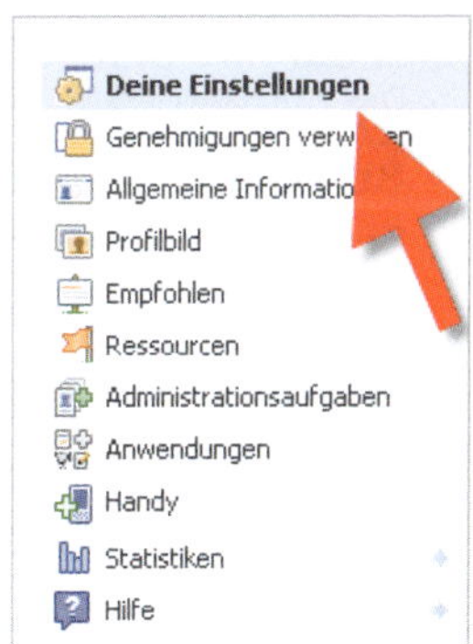

Rufen Sie den Adminbereich zunächst über *Benachrichtigungen verwalten* auf und beginnen Sie von oben nach unten mit der Einrichtung und Bearbeitung Ihrer Facebook-Seite. Gehen Sie nun im Folgenden die einzelnen Punkte der Navigation durch. Der Punkt *Profilbild* wird an dieser Stelle nicht behandelt, da dieser bereits am Anfang dieses Kapitels erläutert wurde.

Benachrichtigungen in Deine Einstellungen regeln

- **Vorschläge für ähnliche Seiten**: Setzen Sie an dieser Stelle den Haken, wenn Sie möchten, dass Ihre Seite Nutzern als Vorschlag angezeigt wird, wenn sie bei ähnlichen Seiten angeben, dass sie ihnen gefallen.
- **E-Mail, Handy und Facebook-Benachrichtigungen**: Stellen Sie ein, ob Sie bei Interaktionen per E-Mail, auf Ihrem Handy und/oder auf Facebook benachrichtigt werden möchten.

Aktivitäten von Nutzern in Genehmigungen verwalten

Diese Seite ist in verschiedene Abschnitte für Genehmigungen im Hinblick auf Ihre Seite aufgeteilt.

- **Sichtbarkeit**: Regeln Sie die Sichtbarkeit Ihrer Seite und geben Sie gegebenenfalls Länder- und Altersbeschränkungen an.

Hinweis: Solange es keine rechtlichen Vorgaben gibt, können Sie auf sämtliche Beschränkungen verzichten. Diese wirken sich nämlich auf die Funktionalität der Facebook-Plug-ins aus, sofern Sie sie auf Ihrer Webseite nutzen.

Geben Sie an, ob Nutzer an Ihre Chronik etwas posten dürfen und ob Fotos und Videos hinzugefügt werden dürfen. So wird dann zum Beispiel die Facebook Like Box (siehe Bild) auf Ihrer Webseite nur dann richtig angezeigt, wenn Nutzer gleichzeitig bei Facebook angemeldet sind.

- **Beitragsoptionen**: Regeln Sie in diesem Abschnitt, ob Nutzer Beiträge und Bilder bzw. Videos an Ihre Facebook-Chronik posten dürfen.
- **Sichtbarkeit der Beiträge**: Entscheiden Sie, ob andere Nutzer sehen sollen, wer welche Beiträge über Ihre Seite verfasst. Über die Standardsichtbarkeit stellen Sie ein, ob Sie Beiträge von Nutzern moderieren möchten, bevor Sie sie freischalten. Ebenso geben Sie in diesem Abschnitt an, ob Nutzer Ihre Bilder markieren dürfen.

Hinweis zur Moderation: Nutzer erhalten keine Benachrichtigung darüber, dass ihr Beitrag vor Freischaltung erst noch geprüft wird. Es empfiehlt sich daher, auf die Moderation zu verzichten.

- **Nachrichten**: Wenn Sie an dieser Stelle den Haken setzen, können Nutzer eine Nachricht an Ihre Facebook-Seite senden. Dabei macht es keinen Unterschied, ob Nutzer angegeben haben, dass ihnen Ihre Seite gefällt oder nicht. Die Schaltfläche für Nachrichten wird dann unter Ihrem Titelbild angezeigt.
- **Blockierliste**: An dieser Stelle können Sie Schlüsselbegriffe zum Beispiel für vulgäre Ausdrücke eintragen. Sobald ein

Nutzer einen dieser Begriffe in einem Kommentar oder einem eigenen Beitrag auf Ihrer Chronik nutzt, wird dieser Beitrag automatisch als Spam gekennzeichnet. Facebook hat auch bereits Listen für vulgäre Ausdrücke vorbereitet.

Hinweis zur Blockierliste: Wenn Sie eine der beiden vorgefertigten Listen *Mittel* oder *Stark* von Facebook für vulgäre Ausdrücke wählen, haben Sie keinen Einfluss darauf, welche Begriffe auf diesen Listen stehen. Es kann also passieren, dass Beiträge von Nutzern als Spam markiert werden, obwohl sie eigentlich kein Spam sind oder vulgäre Ausdrücke enthalten.

Außerdem empfiehlt es sich zu überlegen, wie groß die Wahrscheinlichkeit sein wird, dass sich Nutzer auf Ihrer Facebook-Seite ungebührlich verhalten.

- **Privatsphäre für Beiträge**: Wenn Sie Ihre Beiträge nur mit einem bestimmten Publikum auf Ihrer Facebook-Seite teilen möchten, setzen Sie an dieser Stelle den Haken.

Hinweis: Diese Einstellung lohnt sich an sich nur, wenn Sie bereits über eine große Anzahl an *Gefällt mir*-Angaben verfügen.

- **Seite löschen**: Sobald Sie diese Schaltfläche betätigen, ist eine Seite unwiderruflich mit allen Inhalten gelöscht und kann nicht wieder hervorgeholt werden.

Adressdaten und Infos in Allgemeine Informationen

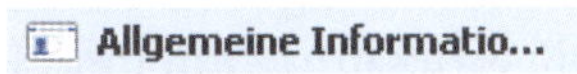

Auf dieser Seite tragen Sie die Angaben zu Ihrer Facebook-Seite ein.
Je nach gewählter Kategorie ist die Seite in unterschiedliche Abschnitte und Eingabefelder aufgeteilt.

- **Kategorie**: Wählen Sie die Haupt- und Unterkategorie.
- **Nutzername**: Ab 25 *Gefällt mir*-Angaben bietet Facebook Ihnen an dieser Stelle die Option, einen Nutzernamen anlegen zu können.

Hinweis: Achten Sie auf die richtige Schreibweise. Sie können die Adresse nur einmal ändern. Zur Trennung akzeptiert Facebook Punkte, auch sind Großbuchstaben möglich. Die Adresse für Ihre Facebook-Seite kann z. B. so aufgebaut sein: *facebook.com/<IhrSeitenname>* oder *facebook.com/<ihr.seitenname>*.

Weitere Informationen zu Nutzernamen finden Sie im Hilfebereich von Facebook unter *http://www.facebook.com/help/329992603752372*.

- **Adresse und Standort**: Je nach gewählter Kategorie gibt es Felder, in denen Sie die Anschrift Ihrer Unternehmung eintragen können. Sollte dies der Fall sein, so tragen Sie die Daten in die entsprechenden Felder ein. Nach Abspeichern erscheint eine Karte mit der Markierung zu Ihrem Standort.

Hinweis: In manchen Fällen kommt es vor, dass Facebook die Anschrift nicht erkennt, und Sie erhalten eine Fehlermeldung.

Sollte das bei Ihnen auch der Fall sein, gehen Sie mit der Maus über die Karte und klicken auf die Markierung. Verschieben

Sie die Markierung so lange, bis sie an der richtigen Stelle sitzt. Danach müssten Sie unter der Karte den Haken setzen können, dass die Karte auf Ihrer Facebook-Seite angezeigt werden soll.

- **Name**: Bis zu einer Anzahl von 200 *Gefällt mir*-Angaben können Sie den Namen Ihrer Facebook-Seite ändern. Sobald Ihre Seite mehr *Gefällt mir*-Angaben aufweist, müssen Sie einen Antrag an Facebook richten.
- **Anfangsdatum und Art**: Geben Sie den Anfang und die Art Ihrer Unternehmung ein. Sie können das Datum auch nachträglich abändern.
- **Kurze Beschreibung**: In diesem Feld tragen Sie die wichtigsten Informationen über Ihre Seite ein. Der Text erscheint auf Ihrer Chronik unter Ihrem Profilbild. Das Gleiche gilt für das Feld *Beschreibung*.

Hinweis: Sollten Sie die Kategorie *Lokales Geschäft* gewählt haben, so werden statt des Textes, den Sie im Feld *Kurze Beschreibung* eingetragen haben, Ihre Kontaktdaten unter Ihrem Profilbild auf Ihrer Chronik angezeigt.

An dieser Stelle finden nicht alle Felder Erwähnung. Dies liegt wie eingangs beschrieben daran, dass Facebook bei jeder Kategorie unterschiedliche Eingabefelder zur Verfügung stellt.

Seiten und Administratoren unter Empfohlen eintragen

- **Gefällt mir**: Wenn Sie als Seite angegeben haben, dass Ihnen andere Seiten gefallen, so werden bis zu fünf dieser Seiten auf Ihrer Chronik angezeigt. Seiten, die Sie dauerhaft auf Ihrer Chronik empfehlen möchten, fügen Sie an dieser Stelle hinzu. Sie werden dann dauerhaft angezeigt.

Hinweis: Angenommen, Sie haben als Seite bei zehn anderen Seiten angegeben, dass diese Ihnen gefallen. Wenn Sie bei *Gefällt mir* zwei dieser Seiten eintragen, so werden diese dauerhaft im *Gefällt mir*-Feld auf Ihrer Seiten-Chronik angezeigt. Die restlichen acht Seiten erscheinen nach dem Zufallsprinzip.

- **Seiteninhaber**: Wenn Sie möchten, tragen Sie sich an dieser Stelle als Administrator der Seite ein. Wenn Sie nicht mit Ihrer Seite in Verbindung gebracht werden möchten, lassen Sie den Bereich einfach leer.

Hinweis: Sobald Sie sich eingetragen haben, erscheint Ihr Profilbild öffentlich auf der Infoseite Ihrer Facebook-Seite. Gleichzeitig ergibt die Empfehlung auf Ihrer Facebook-Seite auch einen Eintrag auf der Infoseite in Ihrem privaten Profil.

Ressourcen von Facebook für verschiedene Anforderungen

Über diese Seiten greifen Sie auf verschiedene Ressourcen von Facebook zu.

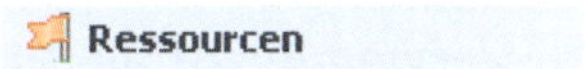

Entwickle Deine Seite

- **Leitfaden mit Tipps**: Hier gibt es Tipps direkt von Facebook auf der englischsprachen Seite Facebook-Pages.
- **Anfrage, um Seiten zusammenzuführen**: Dies ist ein Formular, womit Sie Duplikate von Seiten zusammenführen können. Duplikate können entstehen, wenn zum Beispiel Gäste in einem Restaurant über Facebook einchecken und es zu diesem Zeitpunkt noch gar keine Facebook-Seite zu diesem Ort gab.

Verbinde dich mit Personen

- Wirb auf Facebook: Grundsätzlich ist Facebook auch für Ihre Seite kostenfrei. Sie haben aber die Möglichkeit, Ihre Seite und auch einzelne Beiträge zu bewerben.

Hinweis: Das Thema Werbeanzeigen auf Facebook geht eher in den Bereich Marketing, was in diesem Buch nicht behandelt wird. Informationen zu Werbeanzeigen erhalten Sie im o. a. Leitfaden oder auf meiner Webseite unter *http://www.inga-palme.de/tag/werbeanzeigen*.

- **Wähle einen Nutzernamen**: Hier gelangen Sie ebenfalls zu der Maske, um eine eigene Webadresse für Ihre Facebook-Seite anzulegen. Ab 25 *Gefällt mir*-Angaben schaltet Facebook die Funktion dazu frei.
- **E-Mail-Kontakte einladen**: Auch wenn Facebook Sie immer wieder auffordert. Tun Sie dies nicht, es sei denn, Sie haben kein Problem damit, wenn sich eingeladene Personen über mehrfache Nachrichten von Facebook mit der Aufforderung, dort beizutreten, bei Ihnen beschweren.
- **Verwende soziale Plug-ins**: Dieser Bereich richtet sich an Entwickler. Soziale Plug-ins sind kleine fertige Skripte, die Sie auf Ihrer Webseite/Blog einbauen können. Das bekannteste Plug-in ist die *Gefällt mir*-Schaltfläche.

Hinweis: Wenn Sie nicht wirklich affin sind in Sachen HTML, Skripte & Co., so wenden Sie sich an Ihren Webmaster. Für viele Systeme wie Wordpress gibt es auch bereits fertige Erweiterungen, die auf Knopfdruck die gewünschten Facebook-Plug-ins auf Ihrer Webseite anzeigen.

- **Verlinke Deine Seite mit Twitter**: Über die Verknüpfung werden Ihre Beiträge automatisch auch auf Twitter veröffentlicht, wenn Sie dort auch ein Profil haben.

Hinweis: Geben Sie an, welche Arten von Inhalten Sie auch automatisch auf Twitter veröffentlichen möchten.

Sie können alle Arten von Beiträgen individuell aktivieren oder deaktivieren.

Zusätzliche Ressourcen

Hilfebereich für Seiten: Im Hilfebereich gibt es Informationen von Facebook rund um das Thema Seiten.

- **Hilfe für Entwickler**: Dies ist ein spezieller Bereich, der sich an Entwickler wendet, zum Beispiel mit Hilfestellungen zur Entwicklung eigener Applikationen, die dann mit Facebook verknüpft werden.
- **Leitfaden mit Tipps und Vorgehensweisen für Marketingaktionen auf Facebook**: Tipps von Facebook für erfolgreiche Werbeanzeigen.
- **Markengenehmigungen**: Sollten Sie die Marke Facebook in Ihrer Kommunikation und Werbung nutzen, so finden Sie auf diesen Seiten die Voraussetzungen zur Genehmigung der Marke Facebook.

Hinweis: Zum Beispiel darf auf Webseiten nur das weiße *f* auf blauem Hintergrund verwendet werden. Der ausgeschriebene Schriftzug darf nirgendwo zum Einsatz kommen. Im Fließtext wird vorgeschrieben, dass Facebook großgeschrieben wird.

Administratoren verwalten in den Administrationsaufgaben

Facebook bietet Ihnen die Option, mehrere Administratoren mit unterschiedlichen Rollen zu Ihrer Facebook-Seite hinzuzufügen. Dazu müssen Sie entweder mit diesem Nutzer befreundet sein, oder er muss vorher angegeben haben, dass ihm die Seite gefällt.

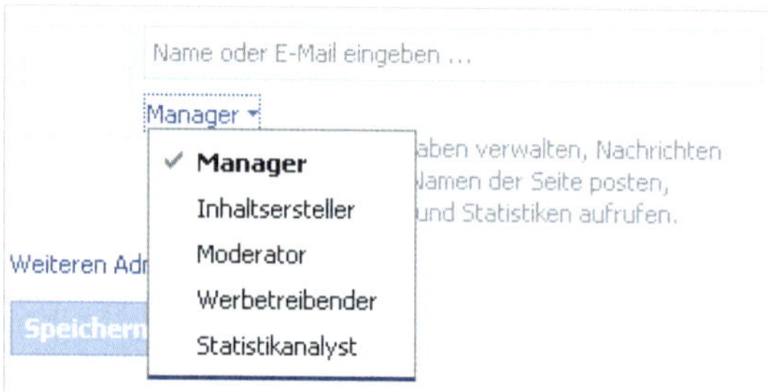

Geben Sie den Namen oder die E-Mail-Adresse des neuen Administrators ein und wählen Sie unter den fünf verschiedenen Rollen die Rolle, die Sie Ihrem Administrator zuweisen möchten. Sobald Facebook den Nutzer erkennt, wird Ihnen der Name in der Vorschau angezeigt. Beim Abspeichern fragt Facebook Sie noch einmal nach Ihrem Passwort.

Es gibt übrigens keine Eigentümer für Facebook-Seiten. Als Manager haben alle Administratoren den vollen Zugriff auf die Seite und können diese auch gegebenenfalls löschen und auch andere Administratoren entfernen.

Administratoren als Profil hinzufügen

Rufen Sie die Administratorenverwaltung als Profil und nicht über *Facebook verwenden als* auf. Als Profil haben Sie die Wahl zwischen der Eingabe des Namens und der E-Mail-Adresse. Als Seite wird Ihnen nur die Eingabe einer E-Mail-Adresse angeboten. Auch sehen Sie vorher über die Autovervollständigung nicht, ob Facebook den richtigen Nutzer erkannt hat.

Anwendungen und Handy

Die Seite *Anwendungen* listet Ihnen alle Anwendungen auf, die Sie für Ihre Seite verwenden.

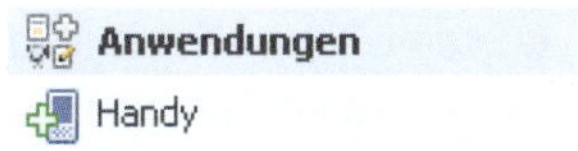

Auf der Seite *Handy* finden Sie eine persönliche E-Mail-Adresse, die nur für Ihre Facebook-Seite gilt. Mit dieser Adresse können Sie Text oder Bildbeiträge per Smartphone an Ihre Facebook-Seite schicken.

Verraten Sie niemandem diese E-Mail-Adresse. Sollten Sie die Adresse erneuern müssten, gehen Sie auf die Schaltfläche *Mehr dazu* oben rechts. Es öffnet sich ein Fenster – hier aktivieren Sie im Bereich *Tipps* über den Link *Erneuere deine Hochlade-E-Mail* eine neue persönliche E-Mail-Adresse für Ihre Facebook-Seite. Die bisherige ist im Anschluss nicht mehr erreichbar.

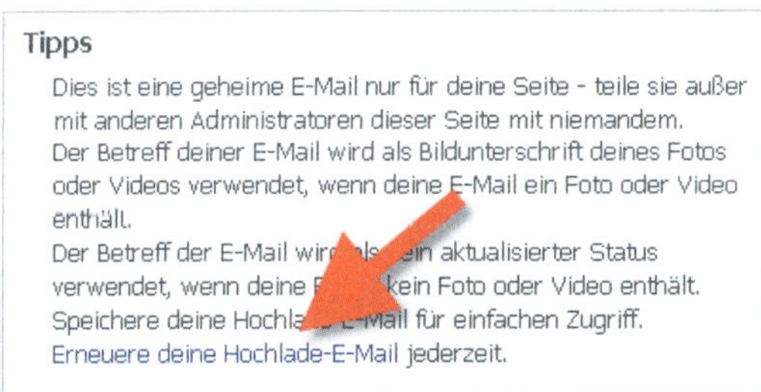

Nützliches Wissen für Ihre Facebook-Seite

Wer auf Facebook mit einer Seite unterwegs ist, sollte auf jeden Fall die rechtlichen Aspekte beachten. Ebenso werden in diesem Kapitel noch weitere Funktionalitäten im Zusammenhang mit Ihrer Facebook-Seite erläutert, wobei manche der Themen nicht alle Seitenbetreiber betreffen. Trotzdem lohnt es sich im Fall der Fälle um diese Inhalte zu wissen.

Ganz wichtig: Urheberrechte beachten

Achten Sie gerade bei geschäftlich genutzten Seiten immer auf das Urheberrecht. Das gilt für alle Inhalte, die Sie auf Ihrer Seite veröffentlichen. Also Profil- und Titelbild, Fotos usw. Auch die Vorschaubilder in Beiträgen von Links unterliegen dem Urheberrecht.

Besonderheiten, wenn Seiten als Orte angelegt sind

Facebook unterscheidet bei Facebook-Seiten zwischen Seiten und Orten. Nutzer haben die Möglichkeit, an Facebook-Orten über ihr Smartphone einzuchecken. Darüber erhalten dann ihre Freunde eine Meldung.

Damit eine Facebook-Seite als Ort erkennt, ist es nicht zwingend nötig, die Kategorie *Lokale Unternehmen* in Verbindung mit *Lokales Geschäft* zu wählen.

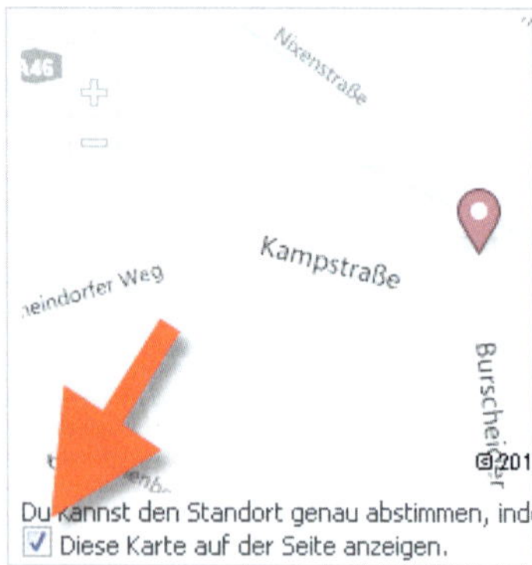

Wichtig ist nur, dass Ihnen bei der Kategorieauswahl auch die Eingabefelder für Ihre Anschrift in Verbindung mit der Karte angezeigt werden.

Aktivieren Sie die Karte, damit sie auch im Infobereich auf Ihrem Ort angezeigt wird. Bei Adressänderungen kann es eine Zeit dauern, bis diese in mobilen Endgeräten auch angezeigt wird.

Wenn die Anschrift nicht erkannt wird

Wenn Ihre Anschrift auf der Karte nicht erkannt wird, lässt sie sich nicht aktivieren. Verschieben Sie in diesem Fall die Markierung auf der Karte an die richtige Stelle. Danach können Sie sie aktivieren.

Empfehlung von Orten

Mit Aktivierung der Karte erscheint auf Ihrer Chronik auch das Feld *Empfehlungen*. In dieses Feld können Nutzer dann eine Empfehlung für Ihren Ort eintragen. Darüber erhalten dann wiederum deren Freunde eine Meldung in den Neuigkeiten auf ihrer Startseite.

Anzeige der Anschrift bei Orten

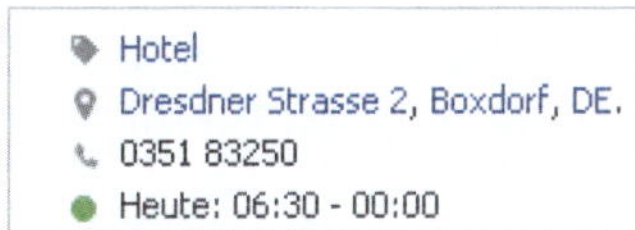

Sofern Sie Ihren Ort als lokales Unternehmen eingetragen haben, zeigt Facebook Ihre Kontaktdaten und – falls eingetragen – auch Ihre Öffnungszeiten an. Wenn Sie gerade geöffnet haben, sind die Zeiten mit einem grünen Punkt markiert.

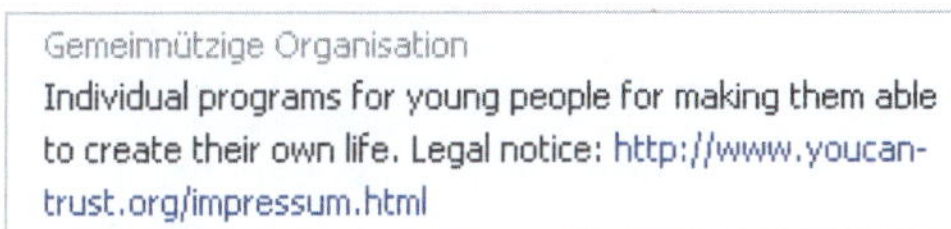

Wenn Sie Ihren Ort in einer anderen Kategorie z. B. als Unternehmen & Organisationen angelegt haben, so erscheint unter dem Profilbild der Text, den Sie in der kurzen Beschreibung eingegeben haben.

Die Sache mit dem Impressum

Wenn Sie auf Facebook unternehmerisch zugange sind, verlangt der Gesetzgeber auch die Angabe eines Impressums. Dieses muss nach zwei Klicks von allen Inhalten Ihrer Facebook-Seite aufrufbar sein. Dazu bieten sich verschiedene Möglichkeiten an.

Da das Landgericht Aschaffenburg seinerzeit entschieden hat, dass Nutzer im Infobereich kein Impressum auf Facebook-Seite vermuten, fügen viele Seitenbetreiber ihrer Seite eine Anwendung zu Ihren Favoriten für das Impressum hinzu.

Diese Anwendungen sind in der Regel kostenfrei. Zum Beispiel beim Social Media Team. Besuchen Sie die Facebook-Seite unter *http://www.facebook.com/SocialMediaTeam.de* und gehen Sie auf den Reiter *Free Tabs* in den Favoriten. Wählen Sie dort den Impressum-Tab und folgen Sie den Anweisungen.

Diese selbst hinzugefügten Reiter über Anwendungen werden allerdings nicht auf Smartphones angezeigt. Insofern haben Sie mit dieser Umsetzung allein keine ausreichende Rechtssicherheit.

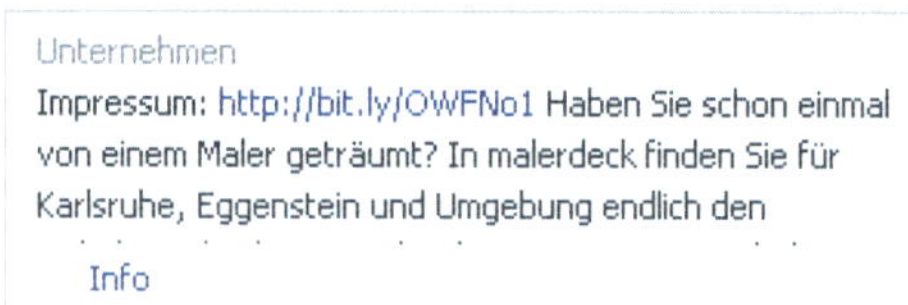

Sofern Ihre Seite nicht als Ort angelegt ist, tragen Sie zusätzlich in das Feld *Kurze Beschreibung* Ihr Impressum ein. Hier genügt ein Link, der direkt zu Ihrem Impressum auf Ihrer Webseite führt. Wichtig ist, dass der Link – bzw. zumindest ein Teil davon – anklickbar in dem Feld erscheint, ohne dass Nutzer auf *Info* klicken müssen, um zu Ihrem Impressum zu gelangen.

Änderungen des Gesetzgebers

Die Entscheidungen der Gerichte sind aktuell noch nicht endgültig. Zum Redaktionsschluss zeichnete sich ab, dass die Gerichte doch ein Impressum akzeptieren, das erst nach Aufruf der Infoseite angezeigt wird.

9. Wichtiges Rüstzeug für meine Beiträge

Ihre Facebook-Seite kann nur dann in Fahrt kommen, wenn Sie über Neuigkeiten berichten und das am besten regelmäßig. In diesem Kapitel dreht sich alles rund um Beiträge auf Ihrer Facebook-Seite.

Die verschiedenen Beitragsarten

Im Großen und Ganzen ist die Eingabemaske für Beiträge auf Ihrer Seite so ähnlich wie die in Ihrem Profil.

1 **Status**: Dies sind Textbeiträge oder Links, die Sie mit Ihrem Publikum teilen möchten.

2 **Foto/Video**: Wählen Sie diese Option, wenn Sie einzelne Bilder, Alben oder Videos hochladen möchten.

3 **Alles klar?**: In dieses Feld tragen Sie Ihren Text für die Statusmeldung ein.

4 **Veranstaltung, Meilenstein**: Klicken Sie auf das + und wählen Sie zwischen Veranstaltung, Meilenstein und Fragen.

Anlegen einer Veranstaltung

Ähnlich Ihrem Profil können Sie auch über Ihre Seite Veranstaltungen erstellen. Die Maske dazu ist ähnlich, mit dem Unterschied, dass Sie die Veranstaltung nicht auf privat setzen können. Falls die Teilnahme an Ihrer Veranstaltung kostenpflichtig ist, geben Sie im Feld *Eintrittskarten* die URL ein, unter der die Karten bestellt werden können.

Geben Sie das Datum und gegebenenfalls die Uhrzeit an und erstellen Sie über die Schaltfläche *Neu* ihre Veranstaltung.

Laden Sie ein Veranstaltungsfoto hoch und fügen Sie bei Bedarf weitere Informationen hinzu.

Freunde zur Veranstaltung einladen

Sobald Sie angeben, dass Sie an der Veranstaltung teilnehmen, können Sie auch Ihre Freunde einladen. Ebenso ist es möglich, die Veranstaltung über Facebook-Werbeanzeigen zu bewerben.

Eine Umfrage auf Ihrer Facebook-Seite einstellen

Nutzen Sie diese Beitragsoption, zum Beispiel für eine Umfrage.

1 Gehen Sie zunächst auf die Schaltfläche *Veranstaltung, Meilenstein* und wählen Sie die Option *Frage*.
2 Formulieren Sie Ihre Frage.
3 Tragen Sie bis zu zehn Antwortoptionen ein.
4 Geben Sie an, ob Nutzer weitere Optionen hinzufügen dürfen oder nicht.
5 Wählen Sie als Sichtbarkeit *Öffentlich* oder begrenzen Sie die Sichtbarkeit auf *Standort und Sprache*.

Sobald Sie Ihre Frage gepostet haben, erscheint sie auf Ihrer Chronik, und Nutzer, denen Ihre Seite gefällt, erhalten darüber eine Meldung auf ihrer Startseite in ihren Neuigkeiten.

Sobald Nutzer auf eine der Antwortoptionen klicken, erscheint deren Profilbild bei der entsprechenden Antwort und ihre Freunde erhalten wiederum eine Meldung über diese Aktivität.

Angebote auf Facebook einstellen

Sobald Ihre Seite 100 *Gefällt mir*-Angaben erzielt hat, können Sie auch Angebote einstellen.

Dies erkennen Sie daran, dass Ihnen in der Beitragsmaske ein grünes Symbol ähnlich einem Zahnrad angezeigt wird.

1 Laden Sie ein Miniaturbild hoch.
2 Beschreiben Sie Ihr Angebot mit bis zu 90 Zeichen.
3 Geben Sie an, wie viele Nutzer Ihr Angebot beanspruchen dürfen.
4 Geben Sie das Ablaufdatum Ihres Angebots an.
5 Fügen Sie Ihre allgemeinen Geschäftsbedingungen hinzu.

Über die Schaltfläche *Vorschau* sendet Facebook Ihnen die Ansicht Ihrer Anzeige zu und leitet Sie weiter zur nächsten Maske. Dort geben Sie das Budget ein oder schalten Ihr Angebot über den Werbeanzeigenmanager oder den Power Editor (für Google Chrome verfügbar).

Weitere Infos zu Angeboten erhalten Sie im Hilfebereich von Facebook unter *http://www.facebook.com/help/pages/offers*.

Angebote über die Anwendung Dropify einstellen

Probieren Sie auch die Anwendung Dropify (*http://dropify.com*) für Angebote aus. Bei Dropify können Sie bis zu drei Dateien kostenfrei hochladen, und Downloads sind nicht limitiert. Allerdings müssen hier Nutzer die Anwendung autorisieren, bevor sie ein Angebot wahrnehmen können.

Ein Blick auf die Meilensteine

Ähnlich Ihrem Profil lassen sich wichtige Ereignisse auch auf Ihrer Seite als Meilenstein besonders darstellen. Wählen Sie dazu die Option *Meilenstein* in der Beitragsmaske.

1 Geben Sie ein, um welche Art eines Ereignisses es sich handelt.

2 Fügen Sie optional einen Ort hinzu.

3 Geben Sie das Datum Ihres Ereignisses an. Sie haben die Möglichkeit, Ihren Meilenstein bis in das Jahr 1000 zurückzudatieren.

4 Fügen Sie einen Text hinzu. Domains werden nach dem Publizieren auch ohne die Eingabe von http als klickbare Links angezeigt.

5 Wählen Sie ein oder mehrere Fotos.

6 Wenn es sich um ein zurückdatiertes Ereignis handelt, können Sie auch die Anzeige in den Neuigkeiten verbergen.

7 Meilensteine sind immer öffentlich für jeden sichtbar.

Meilensteine werden über die gesamte Breite der Chronik angezeigt und sehen dann zum Beispiel so aus:

Wenn Sie nicht möchten, dass Ihr Meilenstein über die gesamte Breite angezeigt wird, fahren Sie mit der Maus über die rechte obere Ecke und klicken auf den kleinen Stern, um die Meldung zu verkleinern. Sie können sie auch jederzeit wieder vergrößern.

Ebenso gelangen Sie über die rechte obere Ecke zur Bearbeitungsmaske, um alle eingegeben Daten bei Bedarf zu ändern.

Beiträge planen und zurückdatieren

Fast unscheinbar ist eine hilfreiche Funktion in die Beitragsmaske integriert. Es handelt sich hierbei um die Möglichkeit, Beiträge nicht nur zurückzudatieren, sondern Sie können Ihre Beiträge auch planen. Klicken Sie dazu auf das kleine Uhrensymbol und geben Sie das gewünschte Datum samt Uhrzeit ein.

Sobald Sie Ihren geplanten Beitrag abgespeichert haben, werden Sie zum Aktivitätenprotokoll auf Ihrer Seite weitergeleitet.

Im Aktivitätenprotokoll werden Ihnen alle geplanten Beiträge in aufsteigender Reihenfolge angezeigt. Ändern Sie bei Bedarf den Zeitpunkt oder klicken Sie auf *Jetzt veröffentlichen*.

Beiträge nachträglich bearbeiten

Grundsätzlich ist es nicht möglich, Beiträge auf Facebook nachträglich noch einmal zu bearbeiten. Ein einmal falsch geschriebenes Wort oder ein Tippfehler kann nicht korrigiert werden. Dies gilt übrigens nicht nur für Seiten, sondern auch für Beiträge in Gruppen und das eigene Profil.

Eine Möglichkeit ist es, Beiträge immer erst einmal zu planen – was wiederum nur auf Seiten möglich ist – und im Aktivitätenprotokol noch einmal Korrektur zu lesen. Eine andere Möglichkeit ist es, nur Bildbeiträge zu veröffentlichen. Denn bei Bildern lassen sich Texte auch noch nachträglich bearbeiten.

Rufen Sie dazu das entsprechende Bild auf und gehen Sie auf die Schaltfläche *Bearbeiten*.

Es öffnet sich eine Maske, in der Sie bequem den Text korrigieren können. Auch das Datum, der Ort und die Angabe, mit wem Sie zusammen an diesem Ort waren, können Sie eintragen.

Korrektur von Kommentaren

In Kommentaren lässt Facebook das nachträgliche Korrigieren zu. Und zwar können Sie sowohl Ihre Kommentare als Seite als auch als Profil jederzeit korrigieren. Dazu gehen Sie mit der Maus über den entsprechenden Kommentar und klicken auf den Bleistift, der in der oberen rechten Ecke erscheint. Nach der Korrektur speichern Sie ab, fertig.

Beiträge vergrößern, fixieren und mehr

1 Standardmäßig wird ein neuer Beitrag von Ihnen in der linken Spalte Ihres Zeitstrahls auf der Chronik platziert. Wenn Sie bestimmte Beiträge so wie Meilensteine über die gesamte Breite Ihrer Chronik anzeigen möchten, aktivieren Sie dies über den Stern, der oben rechts bei Ihrem Beitrag erscheint, wenn Sie mit der Maus darüberfahren.

2 Über den Bleistift, den Sie ebenfalls anklicken können, sobald Sie mit der Maus über den Beitrag fahren, erreichen Sie weitere Optionen zur Bearbeitung.

Oben fixieren: Damit wird ein Beitrag auf Ihrer Seite für bis zu sieben Tage fixiert auf Ihrer Chronik platziert. Beiträge neueren Datums werden unter dem fixierten Eintrag platziert. Sie können nur einen Beitrag fixieren und die Fixierung auch jederzeit wieder aufheben. Sie erkennen einen oben fixierten Beitrag an der Markierung in der oberen rechten Ecke.

Datum ändern: Ändern Sie das Datum des Beitrags.

Foto neu positionieren: Manchmal kommt es vor, dass der Bildausschnitt des publizierten Fotos nicht optimal auf Ihrer Chronik angezeigt wird. Über die Positionierung richten Sie das Foto neu aus. Dabei können Sie auch Fotos von anderen Seiten oder Profilen, die Sie mit Ihrer Seite geteilt haben, positionieren. Die Positionierung auf Ihrer Chronik hat keine Auswirkung auf die Ausrichtung des Originalbildes.

Auf Seite verbergen: Verbergen Sie den Beitrag, ohne ihn zu löschen. Über das Aktivitätenprotokoll können Sie ihn später wieder hervorholen.

Löschen: Hiermit können Sie einen Beitrag unwiderruflich löschen.

Als Spam melden/markieren: Sie werden sicherlich keinen eigenen Beitrag melden oder markieren. Trotzdem bietet Facebook Ihnen auch hier diese Möglichkeit an, falls Sie doch einmal den Bedarf haben sollten.

Unterschiede zwischen Seiten und Profilen

Beiträge können nur auf der Chronik von Facebook-Seiten von Administratoren fixiert werden und auch in Gruppen. Auf der Chronik von Profilen lassen sich Beiträge nicht fixieren.

Beiträge von anderen hervorheben

Beiträge von anderen werden im Feld *Aktuelle Beiträge anderer Nutzer* auf der Chronik Ihrer Facebook-Seite angezeigt. Sie können sie aber bei Bedarf auch direkt auf Ihrer Chronik zwischen Ihren eigenen Beiträgen platzieren.

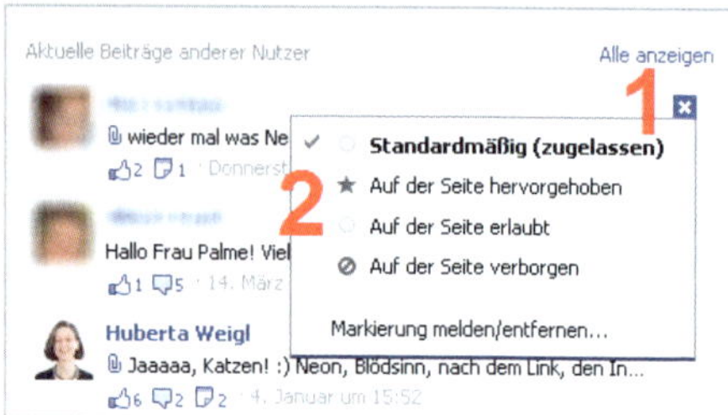

1 Dazu fahren Sie mit der Maus über den entsprechenden Beitrag und klicken auf das kleine Kreuz. Es öffnet sich eine Maske mit verschiedenen Optionen.

2 Heben Sie den Beitrag von anderen Nutzern auf Ihrer Chronik hervor, so wird er über die gesamte Breite platziert. Bei Angabe von *Auf der Seite erlaubt*, erscheint der Beitrag rechts oder links neben dem Zeitstrahl auf Ihrer Chronik.

Beiträge von anderen über das Aktivitätenprotokoll hervorheben

Alternativ rufen Sie oben im Adminfenster über *Seite bearbeiten* das Aktivitätenprotokoll auf. Gehen Sie dort auf *Beiträge von anderen* und heben Sie den entsprechenden Beitrag hervor, indem Sie zum Bearbeiten auf den Bleistift klicken.

10. Facebook mobil nutzen – so geht das

Facebook wäre sicherlich nur halb so attraktiv, wenn es keine Möglichkeit zur mobilen Nutzung gäbe. Mit der App für Facebook sind Sie auch mobil immer auf dem Laufenden.

Facebook-Handy installieren

Zum Installieren der App für Ihr Handy gehen Sie auf die Seite *http://www.facebook.com/mobile*. Klicken Sie dort auf *Hole Dir die Anwendung* und geben Sie Ihre Mobilnummer ein.

Alternativ installieren Sie Facebook-Handy über Google Play oder den iTunes Store.

Erste Schritte mit Facebook-Handy

Genau wie bei einer Anmeldung über den PC leitet Facebook Sie zunächst auf Ihre Startseite mit Ihrem Nachrichtenstrom, wo Sie die Neuigkeiten Ihrer Freunde und auch von Seiten, denen Sie folgen, angezeigt bekommen.

Die Symbolleiste oben ist wie folgt aufgebaut:

1 Über dieses Symbol gelangen Sie zur Menüleiste – Sie finden hier unter anderem Ihre Favoriten, Gruppen, in denen Sie Mitglied sind, Seiten die Sie verwalten, die Privatsphäre-Einstellungen und Anwendungen.

2 Hier stehen die eingehenden Freundschaftsanfragen.

3 Verwalten Sie Ihre Nachrichten auch mobil. Der Ordner *Sonstiges* ist nicht bei allen Geräten zu sehen.

4 Sie sehen die Weltkugel, über die Sie über neue Meldungen benachrichtigt werden.

5 Finden Sie über dieses Symbol Ihre Freunde, mit denen Sie chatten möchten. Fixieren Sie über *Bearbeiten* die Freunde, mit denen Sie am meisten chatten.

6 Verfassen Sie einen Beitrag.

7 Dies ist der Bereich für Fotos.

8 Finden Sie Orte in der Nähe und teilen Sie über Facebook mit, wo Sie sich befinden.

In der Menüleiste finden Sie oben die Suchmaske, darunter den Link zu Ihrer Chronik gefolgt von Ihren Favoriten. Scrollen Sie weiter nach unten, so gelangen Sie zu Ihren Freundeslisten, Gruppen, Anwendungen, Interessenlisten, und ganz am Ende erreichen Sie die Einstellungen. Diesen widmen Sie sich zunächst.

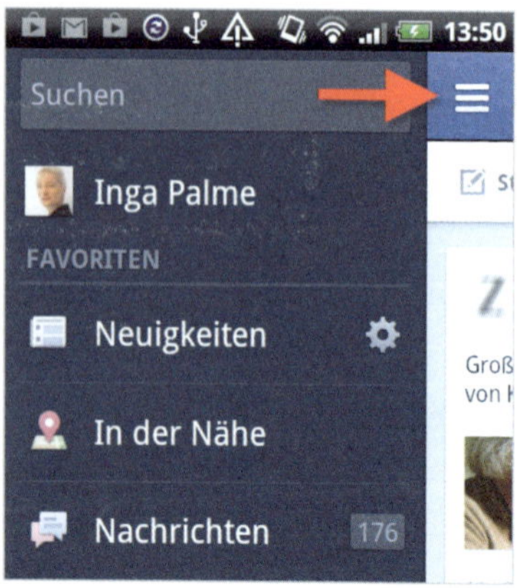

Ein Blick auf die Einstellungen in Ihrer Facebook-Anwendung

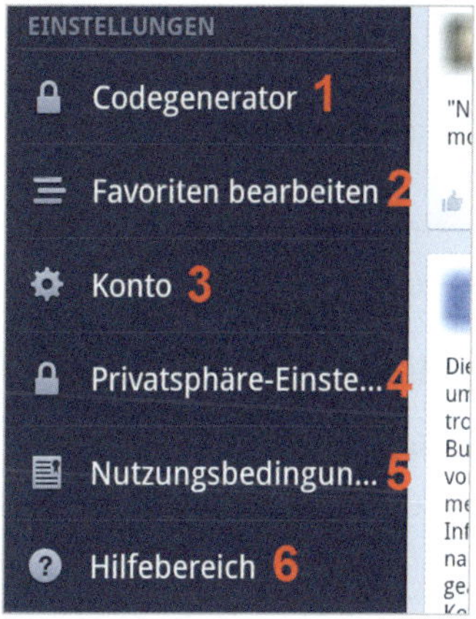

1 **Codegenerator**: Über den Codegenerator aktivieren Sie einen zusätzlichen Sicherheitsmechanismus für Ihr Facebook-Konto. Sofern aktiviert, fragt Facebook Sie nach einem Code, sobald Sie sich an einem neuen Computer bei Facebook anmelden möchten.

Hinweis: Um den Codegenerator zu deaktivieren, rufen Sie Facebook über *http://fb.me/la* auf – das sind die Sicherheitseinstellungen in Ihrem Konto – und entfernen den Haken. Bei Anmeldebestätigungen.

2 **Favoriten bearbeiten**: Sortieren Sie Ihre Favoriten, damit Sie zu den für Sie wichtigsten Inhalten nicht so weit nach unten scrollen müssen. Zum besseren Überblick sind die Favoriten im Bearbeitungsmodus mit einem Stern versehen. Klicken Sie ganz oben auf *Bearbeiten abschließen*, wenn Sie die Favoriten nach Ihren Wünschen angeordnet haben.

3 **Konto**: Regeln Sie Ihre Sicherheitseinstellungen für Ihr Facebook-Konto in den Kontoeinstellungen und melden Sie sich von Facebook ab.

4 **Privatsphäre-Einstellungen**: Passen Sie Ihre Privatsphäre-Einstellungen nach Ihren Bedürfnissen an.

5 **Nutzungsbedingungen**: Beachten Sie die Nutzungsbedingungen von Facebook.

6 **Hilfebereich**: Hier erhalten Sie Hilfestellungen zu Fragen im Umgang mit Facebook.

Das Synchronisieren von Kontakten deaktivieren

In Android-Geräten deaktivieren Sie die Synchronisation von Kontakten in den Einstellungen über *Konto* in den *Anwendungseinstellungen*. Dort scrollen Sie ganz nach unten und deaktivieren die Synchronisation von Kontakten. Im iPhone stoppen Sie die Synchronisation bei Freunde und dort im Eintrag *Kontakte synchronisieren*.

Fotos synchronisieren mit Android

Wer über Android verfügt, kann seine Fotos mit Facebook synchronisieren. Für iOS ist die Synchronisation von Fotos zurzeit nur in den USA möglich. Sie können sowohl über Ihr Handy als auch über Ihren PC die Synchronisation von Fotos aktivieren. Fotos werden in einen privaten Bereich bei Facebook archiviert und erst nach Ihrer Freigabe mit Ihren Freunden geteilt.

- **Über die App**: Rufen Sie über die Menüleiste Ihre Chronik auf und tippen Sie *Fotos* an. Gehen Sie unten auf die Schaltfläche *Synchronisiert* und folgen Sie den Anweisungen.
- **Über den Computer**: Rufen Sie Ihre eigene Chronik auf und gehen Sie dort auf *Fotos*. Klicken Sie oben auf *Synchronisiert mit dem Handy* und folgen Sie den Anweisungen.

Facebook-Kamera für iPhone

Statt Synchronisation wartet die Facebook-App für iPhone mit einer Foto-Kamera auf. Diese zusätzliche Facebook-App laden Sie über den App Store herunter: *https://itunes.apple.com/us/app/facebook-camera/id525898024*. Mit Facebook-Kamera für iPhone teilen Sie ganze Alben mit Ihren Freunden. Auch ist ein kleines Bildbearbeitungsprogramm enthalten zum Schneiden von Bildern und mit verschiedenen Filtern.

Weitere Infos zur Facebook-Kamera für iPhone im Hilfebereich von Facebook finden Sie unter *https://www.facebook.com/help/facebookcamera*.

Ich bin hier: Jetzt wird eingecheckt

Sehr beliebt ist das Einchecken über Facebook an den verschiedensten Orten. Über die Schaltfläche *Orte* auf der Startseite werden Ihnen die bereits angelegten Orte auf Facebook angezeigt, die sich in Ihrer Nähe befinden.

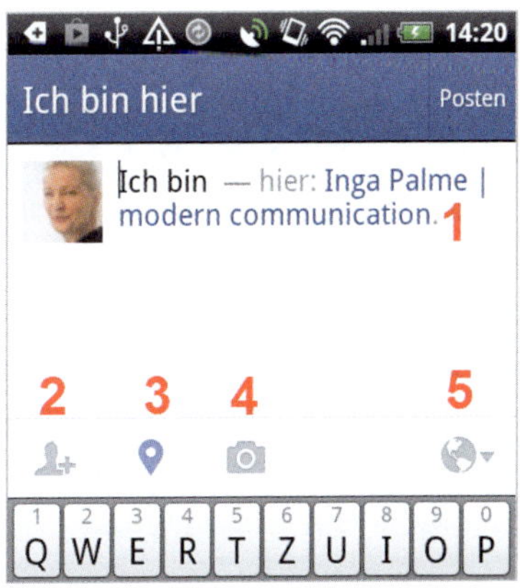

1 Sobald angeklickt öffnet sich die Beitragsmaske mit einem Link, der auf die entsprechende Facebook-Seite führt.
2 Geben Sie an, ob Sie noch jemand begleitet.
3 Ändern Sie gegebenenfalls den Ort.
4 Fügen Sie Fotos hinzu.
5 Wählen Sie das Publikum für diese Meldung.

Ich bin hier bei einer Veranstaltung

Wenn Sie zu einer öffentlichen Veranstaltung auf Facebook angegeben haben, dass Sie teilnehmen oder vielleicht teilnehmen, so können Sie bis zu drei Stunden nach Veranstaltungsbeginn *Ich bin hier* auf Ihrem Handy angeben und mit Ihren Freunden teilen. Weiterhin können Sie während dieses Zeitraums angeben, wenn sich noch andere Personen auf der Veranstaltung befinden.

Push-Nachrichten verwalten

Push-Nachrichten sind Benachrichtigungen von Facebook mit einen Klingelton auf Ihrem Handy, sobald ein Freund zum Beispiel etwas an Ihre Chronik schreibt oder einen Beitrag von Ihnen kommentiert.

Zur Deaktivierung oder Anpassung des Klingeltons von Push-Nachrichten gehen Sie über die Menüleiste auf *Anwendungen* und dort auf *Konto*. Gehen Sie dort auf *Anwendungseinstellungen* und stellen Sie den Klingelton im Bereich *Benachrichtigungseinstellungen* bei *Klingelton für Benachrichtigungen* ein. Zur Verwaltung von Push-Nachrichten gehen Sie in der Menüleiste auf *Konto* und dort auf *Kontoeinstellungen*. Rufen Sie *Benachrichtigungen* auf und stellen Sie für die verschiedenen Arten von Meldungen ein, ob Sie eine Push-Nachricht erhalten möchten oder nicht.

Weitere Infos dazu im Hilfebereich von Facebook unter *http://www.facebook.com/help/103859036372845*.

Ganz neu: Facebook Home

Zum 12. April führt Facebook mit Facebook Home eine neuartige Benutzeroberfläche für Android-Geräte ein.

Hier handelt es sich um einen sogenannten Launcher für Android-Smartphones, der dafür sorgt, dass das Erscheinungsbild und der Funktionsumfang durch Facebook Home verändert werden.

Alles direkt mit Freunden teilen

Mit Facebook Home sehen Nutzer direkt Inhalte von ihren Freunden, sobald sie ihr Handy anschalten, wobei die Nachrichten laufend wechseln. Diese werden im Vollbildmodus angezeigt. Bei Beiträgen ohne Bild zeigt Facebook das Titelbild des entsprechenden Freundes.

Die Steuerung erfolgt hauptsächlich über das eigene Profilbild, das im Bildschirm angezeigt wird.

Chatfunktionen über alle Apps hinweg

Neu ist die tief integrierte Chatfunktion. Das Chatten mit Facebook-Freunden ist auch möglich, wenn Nutzer aktuell andere Apps verwenden.

Verfügbarkeit von Facebook Home

Facebook Home ist zunächst in den USA verfügbar und auch derzeit nicht für alle Android-Geräte. Auf dem HTC first ist Facebook Home bereits vorinstalliert.

Weitere Informationen zu Facebook Home

Facebook hat zu Facebook Home eine eigene Seite eingerichtet, die über *https://www.facebook.com/home* abgerufen werden kann.

Der Seitenmanager fürs Handy

Für Ihre eigenen Seiten bietet Facebook Ihnen noch zusätzlich den Seitenmanager. Sie können bis zu 50 Seiten über Ihr Handy verwalten.

Allerdings stehen Ihnen nicht alle Funktionen zur Verfügung, die Sie schon von Ihrem PC her kennen. Solange Sie den Seitenmanager nicht installiert haben, erreichen Sie sie über die Menüleiste.

1 Oberhalb Ihres Titelbildes wird Ihnen angezeigt, in welchem Namen Sie mit Ihrer Seite interagieren.

2 Sollten Sie eine Telefonnummer hinterlegt haben, könnten Sie direkt über Ihre Seite aus anrufen.

Den Seitenmanager laden Sie sich im App Store oder bei Google Play herunter. Falls Sie es dort nicht möchten, rufen Sie die Seite Facebook-Handy unter *http://www.facebook.com/mobile* auf. Ganz unten auf der Seite finden Sie jeweils einen direkten Link zu den beiden Stores.

Sobald Sie den Seitenmanager installiert haben, erscheint in der Menüleiste unter *Anwendungen* der Link *Seitenmanager.* Rufen Sie darüber Ihre Seiten auf, so erhalten Sie eine andere Ansicht.

1 Stellen Sie Push-Benachrichtigungen für Ihre Seite ab.
2 Erhalten Sie Informationen zu Statistiken. Auf iPhone und Android-Geräten umfassen die Informationen Angaben zur Gesamtzahl der *Gefällt mir*-Angaben, Anzahl der Nutzer, die über Ihre Seite sprechen, und die Reichweite pro Woche. Auf dem iPhone erhalten Sie zusätzlich Informationen über aktuelle Trends zu Ihrer Seite.

An sich haben Sie mit dem Seitenmanager nicht wirklich viele weitere Funktionen. Im Gegenteil, manche Funktionen stehen Ihnen im Seitenmanager gar nicht zur Verfügung. Zum Beispiel ist das Einladen von Freunden zu Ihrer Seite über den Manager nicht möglich. Sie können aber jederzeit weiterhin Ihre Seite über die Menüleiste aufrufen, auch wenn Sie den Seitenmanager installiert haben.

11. Anwendungen, Kontaktaufnahme, Ressourcen & Co.

Dieses Kapitel enthält eine Zusammenstellung von nützlichen Anwendungen, und Ressourcen rund um Facebook sowie Möglichkeiten zur Kontaktaufnahme.

Anwendungen für Profile und Seiten

- **Instagram**: Seit Anfang 2012 ist die beliebte Fotocommunity eine Tochtergesellschaft von Facebook. Instagram gibt es für Android-Geräte und iPhone. Nehmen Sie Fotos auf und wählen Sie einen Filter zum Verändern. Teilen Sie es dann auf Netzwerken wie Facebook, Twitter und Tumblr. Über *http://instagram.com* gelangen Sie zum App Store und zu Google Play.
- **Pinterest**: Auch eine beliebte Fotocommunity und ebenfalls kostenlos. Laden Sie Fotos bei Pinterest hoch oder pinnen Sie sie direkt aus dem Netz und sortieren Sie sie in eigenen sogenannten Boards. Folgen Sie anderen Boards und teilen Sie Fotos von anderen Pinnern. Sofern aktiviert, werden Ihre Pinterest-Aktivitäten auch in Ihrem Facebook-Profil veröffentlicht, und Ihre Freunde erhalten eine Meldung über diese Aktivität. Auch ist eine Verbindung mit Ihrem Twitter-Konto möglich. Zur Anmeldung bei Pinterest gelangen Sie über *https://pinterest.com*.

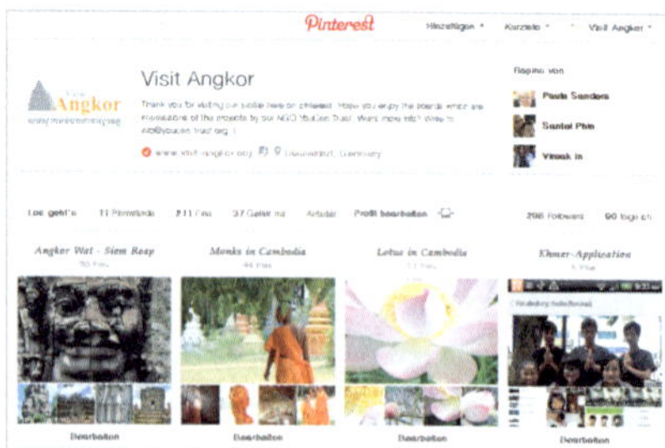

- **Spotify**: Dies ist mit der beliebteste Musikdienst. Hören Sie Musik und teilen Sie über die Verknüpfung mit Facebook mit, welche Musik Sie gerade hören. Und finden Sie heraus, welche Musik andere hören, und folgen Sie ihnen. Spotify gibt es kostenfrei und in zwei verschiedenen Premium-Versionen. Die Webseite von Spotify erreichen Sie über *https://www.spotify.com/de*.

- **Earbits**: Dies ist ebenfalls ein Musikdienst, allerdings nur in englischer Sprache, dafür kostenlos. Earbits lässt sich nur über ein Facebook-Profil nutzen. Sie finden die Schaltfläche zur Anmeldung über Facebook direkt auf der Webseite unter *http://www.earbits.com*.
- **The Washington Post social reader**: Lesen Sie die aktuellen Artikel der Washington Post direkt auf Facebook und teilen Sie sie mit Ihren Freunden oder aktivieren Sie das Instant Sharing – in diesem Fall erhalten Ihre Freunde automatisch eine Meldung in ihren Neuigkeiten mit der Angabe, welchen Artikel Sie gerade lesen.
- **Dropify**: Mit Dropify lassen sich Dateien jeglicher Art zum Download auf Facebook teilen. Dabei steht für bis zu drei Dateien eine kostenfreie Version zur Verfügung. Melden Sie sich bei Dropify unter *http://dropify.com* an.

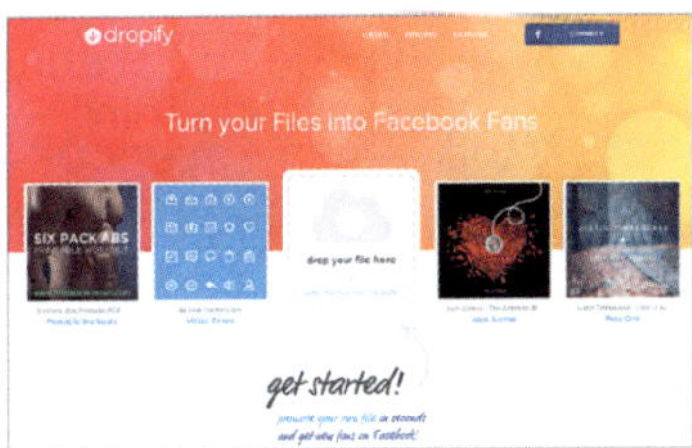

- **Social Media Team**: Von diesem Anbieter können Sie sich eine kostenlose Anwendung für Ihr Impressum auf Ihrer Facebook-Seite installieren: *http://www.facebook.com/SocialMediaTeam.de*.

- **fanpageGENERATOR**: Auch für Seiten – das Einrichten erfolgt über Widgets, die individuell geschaltet werden können. Unter anderem gibt es ein Widget für Produktverkäufe und Gewinnspiele. Der fanpageGENERATOR ermöglicht ebenso das Erstellen und Verwalten von Beiträgen: *http://www.fanpage-generator.de*.
- **247GRAD**: Stellt verschiedene Reiter zur Verfügung, unter anderem den TABMAKER picture contest. Ebenso lassen sich über den Publisher von 247GRAD neue Beiträge anlegen und verwalten: *http://www.facebook.com/247GRAD*.
- **Sellaround**: Anbieter von Shop-Wigdets mit viralen Effekten, die sich leicht auf Facebook integrieren lassen: *http://sellaround.net/de*.
- **DaWanda**: Facebook-App für Betreiber eines Shops auf DaWanda: *http://apps.facebook.com/dawanda*.

Formulare zur Kontaktaufnahme mit Facebook

Direkte Ansprechpartner auf Facebook sind Kunden mit großem Werbebudget vorbehalten. Hier eine Auswahl an Formularen, über die Sie zu Facebook Kontakt aufnehmen können:

- Verstoß gegen Facebook-Richtlinien melden: *http://www.facebook.com/help/contact/?id=274459462613911*
- Antrag auf Herstellung des Gedenkzustands für Angehörige von verstorbenen Personen: *http://www.facebook.com/help/contact/?id=305593649477238*
- Antrag zur Löschung des Kontos einer verstorbenen Person: *http://www.facebook.com/help/contact/?id=228813257197480*
- Ein Problem mit Facebook-Seiten melden: *http://www.facebook.com/help/contact/?id=164405897002583*

- Fehler mit nicht verfügbarer Seite melden: *http://www.facebook.com/help/contact/?id=357161520978587*
- Umwandlung eines Unternehmenskontos in ein persönliches Profil: *http://www.facebook.com/help/contact/?id=366956053339943*

Facebook- und Social-Media-Blogs

- **Allfacebook.de**: Der aktuell größte Blog über Facebook. *http://www.allfacebook.de*
- **Thomas Hutter's Facebook Marketing und Social Media Blog**: Alles rund um Facebook. *http://www.thomashutter.com*
- **T3N**: Onlinemagazin mit Themen rund um das Internet, eigene Kategorie für Facebook. *http://t3n.de/tag/facebook*
- **WebSelling**: Zeitschrift und Onlinemagazin zu Themen rund um Onlinemarketing, Social Media, Facebook & Co. *http://www.webselling-online.de*
- **Schwindt PR in Sachen Kommunikation**: Blog von Annette Schwindt über Facebook und Google+. *http://www.schwindt-pr.de*
- **Futurebiz**: Blog der Agentur Berliner Brandung über Social Media und Schwerpunkt Facebook. *http://www.futurebiz.de*
- **Natascha Ljubic – Social Media für Unternehmen**: Themen rund um Social Media mit Schwerpunkt Marketing. *http://www.wds7.at/blog*
- **Social Media Betreuung**: Blog von Tina Gallinaro mit Themen rund um Social Media. *http://www.socialmedia-betreuung.de*
- **Kanzlei Schwenke**: Blog von RA Thomas Schwenke mit Themen über das Internetrecht. *http://rechtsanwalt-schwenke.de/blog*

A

B

C